Für Benny

mit besten Grüßen

herzlichst

[illegible]

07/18

VERLAG

Vielen Dank für Deine Loyalität und Deinem kollegialen Verhalten zu meiner Maus Blazenka

Hab' im Leben viel erlebt
immer nur nach vorn gestrebt,
ein Raub hab' ich begangen
sieben Jahre eingefangen,
dann mit Kokain gedealt
nochmals sieben Jahr verspielt,
auch Cannabis hat ich als Ware
das brachte nochmals fast sechs Jahre
hab' Bordsteinschwalben laufen lassen
dabei war ich nicht zu fassen,
man konnte vieles nicht beweisen
auf meinen kriminellen Reisen,
ein Dutzend Jahre hab' gesessen
in vielen Knästen rund um Hessen,
habe mich zurückgezogen
mein Leben völlig umgebogen,
doch jeder Polizeibericht
hängt mir nach und glaubt mir nicht...

Peter Müller

Peter Müller

NUR DER NAME IST GEWÖHNLICH

Die Karriere des »Karate Peter«

VERLAG

Peter Müller, Nur der Name ist gewöhnlich

Markgrafenstraße 12, 60487 Frankfurt am Main

Weitere Titel des B3 Verlages unter www.bedrei.de
Lektorat: Janine Bach, Text at Work
Umschlag: Bayerl & Ost, Frankfurt am Main

Printed in Germany

ISBN 978-3-943758-32-0

Inhalt

Vorwort

Einige Dinge, die ich getan habe, werden sicherlich den einen oder anderen abstoßen und schockieren. Ich habe dennoch versucht, nichts im Nachhinein zu beschönigen oder zu verharmlosen, sondern es so zu beschreiben, wie es war und wie ich mich damals gefühlt habe. Ich finde es echt peinlich, wenn Leute sich hinter Ausreden und hohlen Entschuldigungen verkriechen – ich habe gewusst, was ich tue und ich wusste auch, wenn es gegen das Gesetz verstieß.

Ich möchte auch nicht meine Eltern für verpasste Chancen und eine ungerechte Gesellschaft verantwortlich machen. Das ist mir zu billig. Im Nachhinein ist man immer schlauer, aber wenn man ehrlich ist, sind in dem Moment, wenn es darum geht etwas zu tun – oder es eben nicht zu tun – ganz andere Dinge ausschlaggebend. Meistens geht es nur darum, Macht und Stärke zu zeigen, und es geht in erster Linie um richtig Kohle.

Ich habe für vieles, das in diesem Buch beschriebenen ist, mit Haft, Schmerzen, Trennungen und Geld bezahlt. Das war der Preis für manch coole Zeit, in der ich die Taschen voller Scheine und viel Spaß hatte. Wenn mich einer fragt, ob es sich gelohnt hat? Nun, wer kann das für sein eigenes Leben schon beantworten? Einiges würde ich nicht mehr machen – bei anderen Sachen frage ich mich, wo eigentlich der Fehler liegt, beim Gesetz oder bei mir?

Aber darüber soll sich jeder selbst seine Gedanken machen. Ich will nicht jammern und über die Obrigkeit schimpfen, ich sage jetzt erst einmal, was Sache war.

Kindheit und Schulzeit

Am 26. Oktober 1954 krabbelte ich unter dem Sternzeichen Skorpion in diese Welt.
Hätte ich damals schon gewusst, was alles auf mich zukommt, ich wäre direkt zurückgekrabbelt! Ich erlebte meine Kindheit und meine Jugend in Harheim, einem idyllischen Vorort von Frankfurt am Main. Im Alter von acht oder neun Jahren badete ich im Sommer in einer Plastikwanne im Garten meines Elternhauses. Ich hatte eine Blase an der Ferse meines linken Fußes, die sich durch das Wasser öffnete. Nach dem Wasserbad tollte ich im Garten herum, wobei Schmutz in die offene Blase geriet. Das Resultat war eine Blutvergiftung mit Knochenfraß. Ich wurde mehrfach operiert, was damals sehr teuer war. Meine Eltern investierten 15.000 Mark in private Chefarztbehandlungen. Diese Summe in den 60er-Jahren – das war ein kleines Vermögen. Ich durfte daraufhin keinen Mannschaftssport betreiben, weil mein Körper noch nicht ausgewachsen und die Gefahr eines Rückschlages zu groß gewesen wäre.

Meine Mutter hatte alle Hände voll zu tun mit mir und es dauerte nicht lange, bis ich ihr den nächsten Kummer bereitete. Eines Sommers spielte ich mit einem befreundeten Brüderpaar im Garten. Walter, einer der Brüder, nahm eine Bohnenstange wie einen Speer zur Hand und warf sie in Richtung seines Bruders Hans-Jürgen. Ungünstig war nur, dass ich genau dazwischen stand: Die Bohnenstange traf mich genau zwi-

schen meinen Augen, brach ab, ein Stück blieb stecken. Ich rannte weinend zu meiner Mutter, die mich umgehend ins Krankenhaus fuhr, wo die Verletzung genäht wurde. Bei der Aktion hätte ich auch leicht ein Auge verlieren können. So hatte ich mal wieder Glück gehabt.

Das Krankenhaus war in meiner Kindheit kein Neuland für mich, ich war oft zu Behandlungen dort. Einmal brach ich mir den Arm beim Rollschuhlaufen, ein anderes Mal beim Schulsport, dann trug ich beim Spielen ein Loch im Kopf davon. Fast ertrunken wäre ich bei dem Versuch, mit einem selbstgebauten Floß aus Ölfässern, Seilen und Holzplanken mit ein paar Kumpels den Eschbach hinunterzuschippern. Es klappte alles ganz wunderbar – bis das Floß sank.

Ich war eben schon in meiner Kindheit ein Wildfang.

Ich beendete meine Schulzeit mit mittelmäßigem Schulabschluss und machte eine Lehre als Spengler und Installateur, die ich im Februar 1973 mit Gesellenprüfung abschloss.

Bundeswehr

Gleich nach der Lehrzeit wurde ich in die Bundeswehrkaserne Spilburg nach Wetzlar eingezogen. Schon gleich zu Beginn meiner Grundausbildung legte ich mich kräftig mit meinen übergeordneten Befehlsgebern an. Befehle entgegen nehmen und dann Marsch-Marsch, das war nie mein Ding. Eines Abends, ich war Panzer-Grenadier und für die Abmeldung der Stube verantwortlich, kam der UVW, der diensthabende Unteroffizier der Wache, in unsere Stube. Ich stand total besoffen mit dem Schiffchen quer auf dem Kopf wie Napoleon vor ihm und lallte nur. Meine Kollegen lagen hackedicht auf ihren Betten und lachten sich schlapp. Die Bude sah aus wie Sau, Bierflaschen lagen umgestürzt auf dem Tisch, und die Brühe tropfte auf den Boden. Der Unteroffizier brüllte mich an, woraufhin ich ihm eine deftige Ohrfeige verpasste und er aus dem Zimmer stürmte. Einige Minuten später kam der OVW, der Offizier der Wache – ein Major – und machte voll auf ganz, ganz wichtig. Ihm habe ich direkt die Mütze vom Kopf geschlagen, worauf er mir sagte, ich sei festgenommen und müsste mit zur Wache kommen. Ich machte noch

Palaver, weil ich, wenn schon festgenommen, dann aber nur in Handschellen abgeführt werden wollte. Der schlaue Major hatte keine bei sich, und es dauerte seine Zeit, bis ich mich dann endlich entschloss, auch ohne Handschellen mitzukommen. Am nächsten Morgen musste ich zum Rapport beim Spieß, der mich dermaßen anschrie, dass ihm fast die Adern geplatzt wären.

Nach dem Vorfall hatte ich vonseiten der Befehlsgewalt nichts mehr zu lachen. Ich wurde zu allen möglichen Wochenenddiensten eingeteilt und war in den ersten drei Monaten meiner Wehrpflicht fast nie zuhause. Die Zeit bei der Bundeswehr war hart, aber sie war auch lustig. Die Bundeswehr machte aus verweichlichten Teenagern richtige Männer und verlässliche Kameraden. Ich erinnere mich gerne an diese Zeit zurück, meine Kumpels und ich hatten viel Spaß zusammen. 1974 verließ ich nach fünfzehn Monaten als Gefreiter die Bundeswehr.

Immer Ärger mit den Frauen

1974 meldete ich mich in der Sportschule Dome in Frankfurt zu einem Karate-Kurs an. Dieser Sport blieb für lange Zeit meine Leidenschaft. Ich trainierte 3-4-mal die Woche und war phasenweise wie besessen. Der Kampfsport war für mich der Weg, wie ich mich gegenüber anderen, oder stärkeren, behaupten konnte. Inzwischen bin ich Träger des 3. Dan Karate, des 1. Dan Taekwondo und des 1. Dan Jiu Jitsu. Der Sport machte mich sehr viel ruhiger und gelassener. Manch brenzlige Situation habe ich dann eher durch ein Schulterklopfen und ein Glas Bier gelöst.

1977 heiratete ich meine damalige Freundin Lydia, und im gleichen Jahr eröffnete ich mein eigenes Kampfsportstudio in Bad Vilbel.

Karateshow in Vada – Italien, 1986

Auf einer Party lernte ich einen Repräsentanten der HMI, einer Abteilung der Hamburg-Mannheimer-Versicherung, kennen. Manfred, so war sein Name, rekrutierte mich ein paar Tage später in einem Gespräch als neuen Mitarbeiter. Nach einer Wochenendschulung hatte ich den nötigen Stoff intus, um selbst Verträge abschließen und Provisionen einstreichen zu können. Zu dieser Zeit arbeitete ich noch hauptberuflich als Installateur, doch diese Arbeit gab ich nach den ersten Provisionsauszahlungen sehr schnell auf.

Ich verdiente mit den Versicherungen gutes Geld und die Sportschule warf auch einiges ab. Zum ersten Mal hatte ich satt Kohle in der Tasche und das gefiel mir. Mit dem Zaster kamen dann Diskotheken, Nachtleben und auch andere Mädels. In einer Disco lernte ich Carina kennen. Sie kam aus Weimar und war ein Jahr vorher mit ihrer Mutter aus der DDR ausgereist. Kein leichtes Unterfangen damals – die Mauer stand ja noch. Sie wohnte in Offenbach und arbeitete als Zahnarzthelferin. Sie war ein richtig hübsches Mädel, und wir hatten eine nette Bettgeschichte miteinander. Nach einigen Monaten wollte ich die Sache beenden. Schließlich war ich verheiratet und wollte meine Ehe nicht weiterhin durch die Fremd-Fickerei aufs Spiel setzen. Ich machte am Telefon Schluss, aber Carina überredete mich zu einem letzten Treffen, das ich ihr einfach nicht abschlagen konnte. Es war ein abgekartetes Spiel: Während ich mit ihr zusammen war, informierte eine Freundin von Carina meine damalige Ehefrau über meinen Fehltritt.

Am frühen Abend des nächsten Tages stand ich auf der Matte meines Studios und trainierte meine Schüler. Mein Schwager Claus bat mich von der Matte und sagte mir, ich solle nach Hause fahren, Lydia, meine Ehefrau, würde gerade mit ihren Eltern ihre Sachen aus der Wohnung räumen, sie würde sich von mir trennen. Ich raste sofort nach Hause. Es war jedoch niemand mehr in der Wohnung. Lydia hatte nur einen Teil ihrer Kleidung und ein paar persönliche Gegenstände mitgenommen. Als sie kurz später kam, um den Rest ihrer Sachen abzuholen, unterhielten wir uns unter vier Augen, aber ich konnte sie nicht zum Bleiben überreden. Sie wollte erst etwas Abstand gewinnen.

Der Auszug meiner Frau sollte nicht die einzige Katastrophe bleiben, die an diesem Tag über mich kam: Ich fuhr zur Sportschule zurück und wurde dort schon von Ilona erwartet, einer anderen Maus, die ich einige Wochen zuvor in einer Disco kennengelernt hatte. Wir waren ein paarmal übereinander hergefallen. Sie teilte mir ihre Schwangerschaft unter meiner Mitwirkung mit.

Das waren einige ganz schöne Brocken, die ich zu verdauen hatte, zu viele für einen Tag. An diesem Abend gab ich mir so richtig die Kanne und verbrachte die Nacht in meinem Bett lediglich mit einem Mantel zugedeckt – Lydia hatte auch die Bettdecken mitgenommen. Diese Ereignisse haben mich völlig aus meinem bisherigen Leben geworfen.

Wenig später lernte ich Gunther in einer Diskothek kennen. Er war Zuhälter und hatte mehrere Mädels am Laufen. Von ihm ließ ich mir alles über das Milieu und den Umgang mit Huren erklären. Carina wollte trotz aller Vorfälle unbedingt fest mit mir zusammen sein, sie hatte sich in mich verliebt und wollte für eine feste Beziehung zu mir alles tun. Ich sah es pragmatisch: Sie hatte meine Ehe zerstört, jetzt konnte sie einiges wieder gutmachen. „Wenn du für mich anschaffen gehst, sind wir beide fest zusammen", war mein Angebot, das sie mir nicht abschlug. Ein Bordell in der Taunusstraße war ab sofort ihr neuer Arbeitsplatz.

Ich war neu in dem Gewerbe und musste vieles lernen. Unter „Zuhälter" stellen sich die meisten ja einen Schläger vor, der ständig seine Mädels erpresst und allen anderen aufs Maul haut. Dabei ist das alles viel komplizierter: Für die Hure ist man die einzige Bezugsperson, zu der sie eine Art Bindung hat – die „zu einem hält". Das bedeutet aber auch, dass der Zuhälter diese Beziehung möglichst „normal" gestalten muss: Er muss sein Mädel auf Händen tragen, sie ausführen und natürlich auch mit ihr ins Bett gehen. Wenn die Hure sich nicht mehr entsprechend hofiert sieht, sucht sie sich einen anderen – und dann beginnt der Stress. Nicht selten wird dieser Stress von den Huren bewusst provoziert, um zu sehen, was passiert. Es ist fast wie Fremdgehen.

Wenn man sich einige Zeit im Milieu bewegt, lernt man viele Mädels kennen. Das eine oder andere Mädel hatte Interesse und zeigte dies mit Geld – oder anderen Geschenken. Es ist fast so, dass die Hure sich ihren Zuhälter kauft. Und auch später ist es ihr wahnsinnig wichtig, dass ihr Macker den teuersten Wagen, die dickste Uhr und die neusten Klamotten trägt. Je goldbehangener der Lude, umso stolzer die Nutten. Ich hatte bald drei Huren am Laufen und dadurch auch eine Menge Stress. Die Hühner wollten ausgeführt werden, mal zum Shoppen, mal in ein Restaurant oder in die Disco. Mit Carina wohnte ich zusammen. Es lief eigentlich ganz gut mit uns beiden.

1978 wurde meine Tochter Claudia geboren, mit deren Mutter Ilona ich aber nicht zusammen lebte. Ich sah meine Tochter kurz nach ihrer Geburt und dann erst wieder im Alter von vier oder fünf Jahren. 1982 hatte ich wieder geheiratet und meine Frau Carmen brachte ebenfalls eine Tochter mit in die Ehe. Alle zwei Wochen kam meine Tochter über das Wochenende bei uns zu Besuch und wir unternahmen etwas zusammen. Inzwischen ist sie eine hübsche, intelligente Frau, steht beruflich mit beiden Beinen im Leben und weiß, was sie will. Ich bin stolz auf sie. Wir halten Kontakt.

Das erste Ding

Im Umfeld der Puffs, Bars und Bordelle sind natürlich viele krumme Gestalten unterwegs. 1979 lernte ich einen Tschechen kennen, und wir freundeten uns an. Seine damalige Freundin ging auch dem horizontalen Gewerbe nach. Eines Tages erzählte er mir, er hätte in der Spielbank in Wiesbaden einen Typen gesehen, der so gestopft sei, dass er sich, nachdem er 100.000 Mark auf einen Schlag am Roulettetisch verloren hatte, ganz cool mit einem Streichholz seine Zigarre anzündete, ohne auch nur ein bisschen zu zittern. Hammerreich musste der Typ sein oder total abgebrüht.

Wir beschlossen, der Sache auf den Grund zu gehen und observierten ihn. Wie sich herausstellte, war der Kerl wirklich steinreich. Irgendwann kam der Entschluss, ihn zu überfallen und ihm seine Kohle zu rauben.

Wir wussten, wo er wohnte, und so versteckten wir uns neben den Toren zu seinem Anwesen. Der Plan war, ihn bei seiner Ankunft zu schnappen, mit ihm ins Haus zu gehen, alles abzuräumen und schnellstens wieder zu verschwinden.

Das Ende vom Lied ist, dass dieser Überfall total daneben ging: Zwei meiner Mittäter wurden angeschossen – der Typ war ein passionierter Jäger mit Waffenschein und hatte immer eine Pistole im Fahrzeug. Er fackelte nicht lange. Sobald er uns sah, wir waren ja maskiert, fing er auch schon gleich an zu schießen. Mich traf keine Kugel, aber eine ging so nah an meinem Ohr vorbei, dass ich noch Wochen danach ein Rauschen im Trommelfell hörte. Ich fand Paul, einer meiner Kumpels und Mittäter, auf dem Weg zu unserem in einem Feldweg geparkten Auto. Er lag mit einem Lungensteckschuss am Boden. Ich hob ihn auf und trug ihn bis zu unserem Wagen, dort setzte ich ihn auf den Beifahrersitz. Ich eilte nochmals in Richtung des Über-

„Karate-Peter" ist noch auf der Flucht

gf. — Blutverschmierte Kleidung unter dem Bett einer 25jährigen, ein flüchtiger Gangster mit dem Namen „Karate-Peter" und ein 57jähriger Weingutbesitzer, der drei bewaffnete Räuber in die Flucht schlug: Der polizeiliche Bericht über eine zunächst mysteriöse blutige Schießerei — die AN berichtete — liest sich wie eine zweitklassige Kriminalgeschichte.

● Angefangen hatte es mit einer rätselhaften Meldung am Dienstag. Der 26jährige Paul M., so berichtete die Polizei der AN, sei mit einer schweren Schußverletzung in die Uni-Klinik gebracht worden. Den Ärzten berichtete der 26jährige kurz vor der Operation: „Zwei dunkelhaarige Ausländer haben mich ausgeraubt und niedergeschossen."

● Die Polizei vernahm die Geschichte mit einiger Skepsis: Paul M. soll wegen Körperverletzung vorbestraft und „im Bahnhofsgebiet nicht unbekannt" sein.

Gesucht: Peter H. Müller

Daß die Skepsis begründet war, erwies eine polizeiliche Meldung aus Worms. Im benachbarten Gau Köngernheim soll Paul M. in der Nacht zum Dienstag mit zwei anderen den 57jährigen Weingutbesitzer vor dessen Wagen niedergeschlagen haben.

● Zum Raub kam's freilich nicht. Der alte Herr, ein passionierter Jäger, griff einen Revolver aus der Seitentasche der offenstehenden Fahrzeugtür und feuerte.

● Der Jäger zielte gut: Zwei Männer wurden verletzt. Ein 26jähriger wurde noch in Gau Köngernheim verletzt festgenommen, und Paul M. mußte sich von einem Freund in die Frankfurter Uni-Klinik bringen lassen.

Der einzige Unverletzte aus dem Trio war laut Polizei-Bericht der Karate-Peter. Sein bürgerlicher Name: Peter Harald Müller (25). In seiner Wohnung in Bad Vilbel ist der Mann mit dem harten Schlag noch nicht wieder aufgetaucht.

● Dafür wurde noch ein erlesenes Damentrio festgenommen: zwei Prostituierte, 20 und 22 Jahre alt, beide mit „Arbeitsplatz" in Frankfurt, und die 25jährige Freundin von Karate-Peter. In ihrem Schlafzimmer fand die Polizei außer der blutigen Kleidung auch zwei großkalibrige Pistolen.

„Karate-Peter‘ wurde gefaßt

lf — Beamte des Spezialeinsatzkommandos der Frankfurter Polizei und des Raubkommissariats haben am Donnerstagnachmittag in Schwalbach/Taunus den 24jährigen Peter Harald Müller aus Bad Vilbel festgenommen.

● **Müller, der in Gangsterkreisen unter dem Spitznamen „Karate-Peter“ bekannt ist, wurde wegen eines bewaffneten Raubüberfalls auf einen Weingutsbesitzer aus Gau-Köngernheim (Kreis Mainz-Bingen) seit Mittwoch bundesweit gesucht.**

● Die SEK-Beamten waren vorsorglich mit Panzerwesten ausgerüstet, da in einem anderen Unterschlupf des Gesuchten mehrere Schußwaffen gefunden worden waren.

„Karate-Peter“, der jedoch unbewaffnet war, hatte seinen zweiten Unterschlupf in der Wohnung einer Frau gefunden, die zur Zeit im Ausland ist.

● Ob diese Frau überhaupt weiß, daß Peter Harald Müller ihre Wohnung in ihrer Abwesenheit benutzte, steht nach Mitteilung der Polizei nicht fest.

● **Mit „Karate-Peter“ ist nun auch der letzte Teilnehmer des bewaffneten Raubüberfalls hinter Schloß und Riegel, bei dem sich der Überfallene mit Revolverschüssen gegen drei Männer ur Wehr gesetzt und zwei dabei geroffen hatte.**

● Er hatte noch blitzschnell eine istole aus der Tasche an der Tür seies Autos herausholen und schneller hießen können als die maskierten und ewaffneten Angreifer.

● In der Wohnung nahmen die Benten gleich noch einen 37jährigen Inallateur fest, der den Flüchtigen mit ebensmitteln versorgt hatte. Seit der roßfahndung hatte sich der Karateann nicht mehr auf die Straße geagt.

Frankfurter Rundschau · Seite 15

Schußverletzung stammt von einem Raubüberfall

Angeblich Überfallener wurde in Worms angeschossen

Paul M., der Büfettier aus dem Bahnhofsmilieu, Patient auf der Intensivstation der Uniklinik, ist nicht Opfer eines Überfalls in der Niddastraße, sondern als Mittäter bei einem Raubüberfall in der Nähe von Worms angeschossen worden. Dies jedenfalls ergaben intensive kriminalpolizeiliche Ermittlungen im Verlauf des Dienstag.

Paul M., dessen Aussagen die Polizei von Beginn an mit äußerster Skepsis aufgenommen hatte, war in der Nacht zum Dienstag zu einem Raubüberfall aufgebrochen. Seine Komplicen: ein 26jähriger Mann mit Wohnort bei Worms und der zwei Jahre jüngere Peter Harald Müller (Foto), genannt „Karate-Peter“ und in Bad Vilbel gemeldet.

Ziel des Trios war ein Weingut in Gau-Köngernheim bei Worms. Als Opfer hatten sich die drei den Besitzer des Gutes ausgesucht. Als der gegen 2 Uhr nachts gerade sein Auto verlassen hatte, schlugen ihn die maskierten und bewaffneten Männer nieder. Doch der Weinhändler leistete außerordentlichen Widerstand. Es gelang ihm, sich hochzurappeln und aus dem Seitenfach seines Wagens einen Revolver zu ziehen. Als er mehrfach schoß, flüchteten die drei. Doch der 26jährige aus der Wormser Gegend brach kurz darauf verletzt zusammen. Ihn brachte man in die Mainzer Uniklinik. M. und „Karate-Peter“ brausten in einem roten Alfo Sud davon.

Gegen drei Uhr parkte der Wagen vor dem Eingang der Frankfurter Uniklinik. Peter Harald Müller lieferte den schwerverletzten M. ab. Krankenhauspersonal informierte kurz darauf die Polizei. Als sie vor Ort eintraf, war Müller mit dem Alfa Sud längst verschwunden.

Die weiteren Ermittlungen kamen am Dienstag in Gang, nachdem in Worms die 22jährige Freundin des 26jährigen festgenommen worden war. Die Polizei klopfte daraufhin zunächst vergeblich an der Wohnungstür des flüchtigen Müller in Bad Vilbel an. Nächste Station war die Wohnung seiner 25jährigen Freundin in Schwalbach (Taunus). Die Frau war zu Hause.

In der Wohnung stellte die Polizei zwei Pistolen vom Kaliber 6,35 und 9 mm sicher, wahrscheinlich die Tatwaffen. Außerdem fand sie blutverschmierte Herrenkleidung. Doch von Müller auch weiterhin keine Spur.

Gegen ihn hat die Polizei unterdessen einen Haftbefehl beantragt. Doch bislang gibt es keine Anhaltspunkte dafür, wann dieser, falls er erlassen wird, auch vollstreckt werden kann. Die Polizei fragt deshalb, wer Müller (Bild) zuletzt gesehen hat und wer etwas über seinen derzeitigen Aufenthaltsort sagen kann. Hinweisen wird Vertraulichkeit zugesichert. Anlaufstellen sind das Raubkommissariat (7 55 41 12) und der Kriminaldauerdienst (7 55 40 40). habe falles, um nach Frank, dem anderen Kumpel, zu suchen. Er war nirgendwo zu finden. Am Tatort liefen in der Zwischenzeit eine ganze Menge Wachleute umher, die zum Teil Gewehre bei sich trugen. Es war Zeit, den Abflug zu machen.

Ich eilte zum Fahrzeug zurück. Paul ging es dreckig, er musste schnellstens in ein Krankenhaus. Ich startete unseren Alfa Romeo, fuhr los und blieb nach wenigen Metern im Schlamm stecken. Kurz vorm Durchdrehen stieg ich aus dem Auto, drückte mit dem rechten Schulterblatt den Wagen soweit nach oben, dass sich der linke Vorder- und Hinterreifen ein Stück vom Boden anhoben. Anschließend gelang es mir tatsächlich, den Wagen nach vorne zu bewegen, um endlich losfahren zu können. Paul japste, er würde sterben. Mit Worten und mancher Backpfeife hielt ich ihn vom Einschlafen ab. Wäre er eingeschlafen, wäre er wahrscheinlich nie wieder aufgewacht. Ich beschloss, ihn in die Uniklinik nach Frankfurt zu fahren. In Sachsenhausen wollte ich sein Mädel mit ins Fahrzeug holen. Sie sollte ihn dann in der Uniklinik abliefern, sodass ich mit nichts in Verbindung zu bringen wäre. Pauls Zustand verschlechterte sich während der Fahrt jedoch dermaßen, dass ich ihn sofort zur Klinik bringen musste. Dort angekommen schulterte ich Paul und trug ihn hinein. Eine Schwester fragte mich, was denn los sei. Ich schrie sie an: „Schnell einen Arzt, der Mann ist im Bahnhofsviertel beraubt und angeschossen worden, schnell einen Arzt.“ Ich sprach mit Paul, er war schon ganz schwach, aber er konnte mich hören. „Hey Paul, alles wird gut, halte aber den Mund, sage, du wärst im Bahnhofsviertel beraubt und angeschossen worden, o. k.“ Paul nickte mir zu. Da kam auch schon die Schwester mit einem Arzt angerannt. Ich sagte: „Schussverletzung“, drehte mich um und lief Richtung Ausgang. Der Arzt wollte wissen, wo ich denn hinwolle. „Ich habe noch ein zweites Opfer dieses Überfalls im Auto, das hole ich schnell“, nuschelte ich und war weg.

Wie ich später erfuhr, wurde mein anderer Komplize Frank mit einer Schussverletzung in der Nähe des Tatortes aufgefunden und unter Polizeibewachung ins Krankenhaus gebracht. Es sagte aus, die Polizisten hätten ihm bei der Festnahme mit Schlägen auf die Schusswunde ein Geständnis und die Namen seiner Komplizen abgepresst. Seit diesem Vorfall hatte ich keinen Kontakt mehr zu ihm. Mit Verrätern spreche ich nicht.

Mir war klar, dass ich ganz große Scheiße am Hals hatte. Zu diesem Zeitpunkt wusste ich weder, was mit Frank geschehen war, noch, dass er uns verraten hatte. Aber mir war klar, dass ich erstmal von der Bildfläche verschwinden musste. Zunächst verkroch ich mich bei einem meiner leichten Mädels in Mannheim. Dann versteckte ich mich in der Wohnung von Ilona, der Mutter meiner Tochter. Die beiden waren verreist. Inzwischen verkündeten sämtliche Zeitungen im Frankfurter Raum „Karate-Peters Flucht".

Es kam, wie es kommen musste: Nach einigen Wochen Versteckspiel stand eines Tages ein Sondereinsatzkommando im Wohnzimmer. Wie man das aus Filmen kennt, hatten sie die Tür eingetreten und mich im Unterhemd beim Essen überrascht. Sie warfen mich auf den Boden und verpackten mich für den Transport sicher mit Hand- und Fußfesseln. Im Polizeipräsidium das Übliche: Man nahm meine Fingerabdrücke, notierte Gewicht, Größe und besondere Merkmale wie Tätowierungen und lichtete mich ab. So landete ich also zum ersten Mal in meinem Leben in einem Gefängnis zur Untersuchungshaft.

Die U-Haft verbrachte ich in Mainz und Koblenz. Vom Landgericht Mainz wurde ich schließlich wegen schweren Raubes zu einer Freiheitsstrafe von 7 Jahren verurteilt. Zur Strafverbüßung wurde ich in die JVA Schwalmstadt in Hessen verlegt. Dort verblieb ich zunächst für knapp 2 Jahre auf einer Zelle mit sechs weiteren schweren Jungs. Eine Doppelzelle bekam man dort nur, wenn man homosexuell war.

Als ich in Schwalmstadt das erste Mal in der Freistunde war, dachte ich, ich sei im gemischten Vollzug gelandet. Da gab es eine Babsi: langes schwarzes Haar, geschminktes Gesicht, kurzer Rock, Pumps, Top und Täschchen in der Hand. Natürlich war Babsi ein Typ, – und es gab viele „Babsis“ in Schwalmstadt. Einige schafften an. Für ’ne Bombe (ein Glas Kaffee) oder ein paar Koffer (Zigarettentabak) konnte man sich einen blasen lassen oder das Teil von hinten versenken. Aber das war echt nicht mein Ding, lieber holte ich mir selber einen runter.

Nach einigen Ausgängen und Urlauben wurde ich nach Frankfurt in den offenen Vollzug verlegt. Während der Haft war meine erste Ehe geschieden worden, mein Karate-Studio hatte ich an die Sportschule Dome verkauft. Aber ich war noch immer mit Carina, meiner ersten Freundin im horizontalen Gewerbe, fest zusammen, hatte stets Kohle in der Tasche und ein cooles Auto unterm Arsch. Im offenen Vollzug konnte ich unter der Woche stundenweise raus und alle zwei Wochen zum Wochenende auf Urlaub.

Nach einem Jahr Innen-Funktion durfte ich mir eine Arbeitsstelle draußen suchen. Ich nahm einen Job als Auslieferungsfahrer für eine Frankfurter Metzgerei an und belieferte Imbissbuden und Werkskantinen. Eines Tages bekam ich Streit mit dem Chef, einem Kleingeist. Er denunzierte mich bei der Anstaltsleitung als Zuhälter. So wurde ich wegen des Verdachtes der Zuhälterei in den geschlossenen Vollzug nach Schwalmstadt abgeschoben. Nach langem Kampf – es gab ja nicht eine Anzeige wegen des Vorwurfes – konnte ich dort wieder auf Urlaub und etwa ein Jahr später wieder in den offenen Vollzug.

Im Sturm mit Deep Purple

Während meines ersten Aufenthaltes im offenen Vollzug lernte ich in einer Diskothek im Taunus meine zweite Ehefrau Carmen kennen. Wir heirateten 1982 noch während meiner Haft. Die Zuhälterei betrieb ich dennoch weiter. Mit Carmen hatte ich meine schönste Zeit, ich war sehr verliebt und fühlte mich echt wohl. Nach meiner Haftentlassung im Dezember 1983 kaufte ich mich wieder in mein ehemaliges Sportstudio als Teilhaber ein. Mit meinem damaligen Partner gründete ich 1984 die E.I.K.O. Germany, die Europäische-Internationale-Kampfsport-Organisation, und wurde deren erster Präsident. Die E.I.K.O. Germany machte sich in der Szene schnell einen Namen, und so richteten wir Hessen-, Deutsche und Europameisterschaften mit mehreren hundert Kämpfern aus.

Als Karate-Show-Truppe aus Welt- und Europameistern traten wir für gute Kohle in Diskotheken und bei verschiedenen Veranstaltungen auf. Bei einer Großveranstaltung in Italien standen fünftausend Leute im Publikum. Als Höhepunkt der Show stützte ich mich nur mit den Füßen und dem Nacken auf Barhocker auf. Dann kamen fünf Betonplatten auf den Bauch, die dann mit einem Vorschlaghammer zerteilt wurden. Das muss einem erstmal einer nachmachen. Danach legte ich meiner Frau Carmen in gleicher Position einen Blumenkohlkopf auf den Bauch, einen zweiten auf den Kehlkopf und zerteilte das Gemüse mit dem Samurai-Schwert. Eine dieser Shows kann man sich heute bei YouTube anschauen.

1985 hatten wir einen Auftritt im hr3-Sportkalender, und auch von unserer Teilnahme bei Meisterschaften wurde mehrmals im Sportkalender berichtet. Als Mannschaft haben wir alle Turniere bis runter nach Italien gewonnen. Einige meiner Kollegen sind noch heute sportlich aktiv und Besitzer von Sportstudios.

Durch die Karate-Auftritte lernte ich Ossy Hoppe kennen. Er war damals Chef von Shooter Promotions, einer Musik-Veranstaltungsfirma für Hallen- und Open-Air-Festivals in ganz Deutschland. Ossy engagierte mich als Bodyguard mit 20 bis 50 meiner Karateschüler, je nach Größe der Veranstaltung, für Konzerte von Tina Turner, AHA, Metallica, Iron Maiden, Deep Purple und vielen anderen Bands.

Fußballspiel: Deep Purple – Bravo Deutschland. Peter Müller, Ritchie Blackmore

Als Deep Purple für mehrere Konzerte in Deutschland weilten, fand ein Benefiz-Fußballspiel statt. Ein Team von Bravo Deutschland spielte gegen das Deep-Purple-Team, zusammengewürfelt aus Band, Crew-Mitarbeitern, Shooter-Leuten und mir. Vor der grandiosen Kulisse des Münchener Olympiastadions spielte ich mit Ritchie Blackmore im Sturm, und schoss unser Team mit zwei Toren zum Sieg. Das war ein wirklich geiles Erlebnis.

Mit Jon Lord und Ian Paice beim Italiener

Roger Chapman. Open Air, Mannheimer Maimarkt

Security mit Köpfchen

Ob es ein Nachholbedürfnis war, welches mich trieb, oder meine Verruchtheit, das weiß der Kuckuck, auf alle Fälle zog mich das Rotlichtmilieu immer wieder magisch an. Nachtleben, Dirnen, Kokain – das weiße Pulver ist der Räuber des Willens, es bringt dich dazu, dich selbst zu belügen, es zieht jeden, der sich darauf einlässt, unweigerlich in die Tiefe. Ich habe keine Party ausgelassen und hatte wieder einige Mädels am Laufen.

Irgendwann hatte ich keinen Bock mehr auf meine Sportschule und verkaufte sie, dann trat ich als E.I.K.O.-Präsident zurück. Ich war nun wieder richtig im Sumpf angekommen.

Meine Frau stellte mich vor die Entscheidung: Sie oder die Huren. Und obwohl ich sie wirklich sehr gerne hatte, konnte ich nicht anders, als das Milieu zu wählen – so kam es zur Trennung.

Ich bin dann in Offenbach in das Dachgeschoss einer Villa eingezogen. Mit mir zusammen wohnte eine 18-jährige Rumänin, eine echt süße Kleine, sie hieß Michaela und arbeitete in der damaligen Sauna 2000 in der Elbestraße im Bahnhofsviertel.

Eines Morgens bekam ich einen Anruf von P. B., einem damaligen Bekannten, späteren Geschäftspartner und zeitweise auch gutem Freund. Ob ich Bock hätte, für 32 Mark die Stunde als Security-Mann in einer Spielothek in Rüsselsheim zu arbeiten. Ein Mitarbeiter einer Firma für Geldtransporte und unser späterer Zwischenmann war von der Spielothek gefragt worden, ob er Leute wüsste, die für die Sicherheit im Laden sorgen könnten. Dort würden immer die Automaten aufgebrochen oder manipuliert und das Personal bedroht. Vier Männer sollten künftig für Ruhe sorgen. Ich schlug P. B. ein Geschäft vor, das für uns beide von Vorteil war: Ich wurde für vier Mann bezahlt, egal ob ich nun zwei, drei oder eben vier Leute dort einsetzte. Für die Vermittlung sagte ich ihm 1.000 Mark für jeden Monat, den wir den Auftrag behielten, zu. Er musste den Deal nur noch mit der Geschäftsführung der Spielothekengruppe klarmachen – und das tat er auch.

Ich fragte zwei Jungs, die auch Kohle brauchten, ob sie Bock hätten, für 20 Mark die Stunde eine Spielothek zu bewachen. Sie hatten Bock und begannen ihre Arbeit mit jeweils einem Baseballschläger in greifbarer Nähe. Schon einige Tage vorher hatte ich bei meinem Sportsfreund Harabi Derin, der mit seinem Bruder eine Kampfsportschule betrieb, telefoniert und ihm gesteckt, dass ich den Auftrag hatte, für Ruhe und Ordnung in der Spielothek Rüsselsheim zu sorgen. Ich hatte nämlich den Eindruck, dass viel Ärger von Leuten gemacht wurde, die wir beide kannten.

Als ich nach ein paar Tagen das erste Mal in der Spielothek auftauchte, kamen mir schon Leute entgegen, die mich als Präsidenten der E.I.K.O. Germany kannten und mir viel Respekt zollten. Sie versicherten mir, darauf zu achten, dass in dem Laden nichts passierte.

Der Fall war gelöst, ich steckte mir im ersten Monat 8.000 Mark in die eigene Tasche, 1.000 davon gab ich wie vereinbart meinem Bekannten P. B.

Ich stellte ihm in Aussicht, dass wir Halbe-Halbe machen würden, wenn er noch mehr solcher Jobs an Land ziehen könnte und so kam es auch: Wir hatten Aufträge bis nach Hamburg/Sankt Pauli. In kurzer Zeit arbeiteten 18 Leute als Security-Personal für uns. P. B. und mir flogen monatlich jeweils etwa 27.000 Mark in die Taschen.

Manchmal machten wir unseren Job fast schon zu gut: Schon nach kurzem Einsatz herrschte in Bad Homburg Ruhe und man wollte auf uns verzichten. Da mussten wir uns was einfallen lassen. Wir suchten uns drei Jungs, die Geld brauchten, boten jedem einen Tausender, wenn sie richtig Zoff im Laden machten und sich von der Security eins aufs Auge hauen und anschließend rausschmeißen ließen. Hat super geklappt, man wollte plötzlich nicht mehr auf uns verzichten. Na also, geht doch!

Mit den meisten Mädels war es ganz locker, bis auf diese kleine Rumänin Michaela. Eines Nachts saß ich mit P. B. in meiner Wohnung. An diesem Abend war Abrechnung und wir beide hatten jeweils fast 30.000 Kröten verdient. War ein geiles Gefühl an der Arschtasche, mit dem Kopf verdiente Kohle, ganz locker, ohne Stress, echt cool. Wir feierten mit ein paar Wodka-Apfelsaft und freuten uns über unsere Schlauheit.

Dann kam Michaela von der Arbeit nach Hause. Sie hatte wohl den Champagner nicht so richtig vertragen und war sturzbetrunken. Sie griff in ihre Tasche, schleuderte mir 800 Mark mitten ins Gesicht und beschimpfte mich als Zuhälter. Da ist mir der Kragen geplatzt. Ich zog sie am Ohr und zwang sie so, die am Boden liegenden Geldscheine aufzuheben. Sie gab mir die Scheine und gemeinsam liefen wir ins Badezimmer. Dort warf ich das Bündel Scheine in die Toilette und zog die Spülung. Weg war die Kohle und das Exempel statuiert!

Die Security-Aufträge kamen noch fast sechs Monate, dann gab es Streit bei der Abrechnung, unser Zwischenmann wollte uns um 30.000 Mark prellen. Ich habe ihm eine verpasst und wir bekamen unsere Kohle. Aber natürlich gab es ab sofort keine Aufträge mehr. Scheiß was drauf, sagte ich mir, der Typ wollte uns bescheißen, geht nicht, ich musste ihm eine geben. Ich verkaufte meine Hilfe als Bodyguard und Security, aber ich ließ mich nicht zum Trottel machen.

Mobiler Laufsteg

Ich hatte es nicht nötig, mich vor jemandem zu bücken, meine Kohle machte ich zu dieser Zeit immer noch ganz locker.

Die Mädels griffen mir immer sehr liebevoll finanziell unter die Arme. Es boten sich mir viele Mädels von selbst an – das werden viele nicht glauben, aber so war es. Ich habe nie eine Frau dazu gezwungen, für mich auf den Strich zu gehen. Natürlich gab es, wenn es so weit war, immer mal wieder Streit und auch manche Handgreiflichkeit. Das war aber von den Frauen auch so gewollt, bzw. sie brauchten eine starke Hand. Klingt komisch, ist aber so. Ich sagte ja bereits, das Verhältnis untereinander ist etwas kompliziert. Mal muss man auf den Tisch hauen, mal der Kavalier sein. Auch nach außen – man wird ja ständig von den anderen beobachtet und Gerüchte machen schnell die Runde. Und auch da haben nicht zuletzt die Frauen ihren Stolz, schließlich wollen sie den stärksten und reichsten Luden an ihrer Seite haben. Dafür zahlen die Mädels – von sich aus. Mir ist mal ein Mädel weggesprungen und hat mich nach einem halben Jahr angerufen, weil sie wieder in Frankfurt arbeiten wollte. Im Milieu ist es üblich, dass eine Hure sich von ihrem Luden freikauft oder eine Ablösesumme bezahlt wird, wenn sie woanders anschaffen will. Einfach so abhauen geht nicht. Ohne die Sache mit mir zu klären, hätte sie in Frankfurt nicht mehr arbeiten können. Ich bot ihr also an, dass sie für eine entsprechende Summe wieder in der Mainmetropole anschaffen gehen könnte. Sie brachte mir 10.000 Mark, und da konnte ich nicht natürlich nicht Nein sagen. Überhaupt, wer kann bei so viel Kohle überhaupt Nein sagen?

Mit Rosi, einer Hure vom alten Schlag, war ich fünf Jahre eng verbunden: Sie war gehorsam und respektvoll, sie war stolz, richtig viel Geld zu verdienen und es mit mir teilen zu dürfen. Es ist nämlich auch nicht so, dass die Zuhälter ihren Frauen alles Geld abnehmen und diese dann von ihnen abhängig sind. Das ist auch so ein Bild, das der Wirklichkeit einfach nicht gerecht wird. Ich will hier weder die Zuhälterei noch die Prostitution verteidigen. Aber ich kann ja auch nur das erzählen, was ich erlebt habe.

Ich war derjenige, der für Rosi die Clubs aussuchte, in denen sie anschaffen ging, und sie machte mit, egal wo ich sie auch hinschickte. In einem Sommer hat sie sogar mal drei Monate in Rimini angeschafft. Ende '88 war es dann vorbei mit der Rosi. Sie wollte aussteigen und mit dem Geld, das sie verdient hatte, ein anderes Leben anfangen. Ob es ihr gelungen ist, weiß ich nicht, es würde mich freuen, Rosi war echt korrekt gewesen. Mit den Mädels hatte ich sowieso selten Probleme, und wenn, dann konnte man darüber sprechen und eine Lösung finden.

In den Achtzigern war es kein Problem, Kohle zu machen, man musste halt 'nen Kopf und ganz oft auch richtige Eier haben. In der damals weltweit bekannten *Sauna 2000* hatte ich auch ein Mädel am Laufen. Dort verkehrten Geschäftsleute aus der ganzen Welt, um sich ein wenig zu entspannen, während sie anlässlich einer Messe in Frankfurt zu tun hatten. Das Mädel brachte täglich zwischen 800 und 1.500 Mark nach Hause, an manchen Tagen auch mal mehr. Durch sie kam ich an gute Kontakte für Geschäfte.

So lernte ich den Boss des damals angesagten Modelabels *Sasch* kennen. Nach einem guten Gespräch bot er mir an, in seinem Lager in Wiesbaden Ware auf Kommission zu beziehen und sie den Mädels in Bordellen und Clubs anzubieten. Das war echt ein geiler Deal.

Ich schnappte das Mädel und wir fuhren nach Wiesbaden in das Lager. Dort ließ ich sie die Klamotten auswählen, sie hatte den richtigen Geschmack dafür. So gut wie überall war ich mit dem Besitzer oder Geschäftsführer der Bordelle und auch vielen Mädels bekannt. Ich fragte sie, ob sie Bock auf geile Klamotten hätten, und natürlich waren sie begeistert.

In den 80ern verdienten die Mädels noch richtig Kohle, wenn sie es drauf hatten. Ich habe damals jeden Tag oder besser jede Nacht 500 Mark und mehr nur am Verkauf von *Sasch*-Klamotten verdient. Overalls und Jogginganzüge waren damals die große Mode. So würde heute keiner mehr am Türsteher einer Disco vorbei kommen, aber damals hatten gerade die Türsteher solche Klamotten mit Vorliebe an.

Kopfgeld

Über den Stress mit den Mädels habe ich ja schon erzählt. Er kam so regelmäßig wie der Vollmond.

Eines Nachts rief Michaela an und sagte mir, sie käme nicht nach Hause zurück, ich sei ein Arschloch und sollte sie erst gar nicht suchen, würde sie ja eh nicht finden.

Daraufhin schlief ich erstmal in Ruhe aus und kümmerte mich am nächsten Morgen um die Angelegenheit. Ein Anruf hier, ein Anruf dort – keine 24 Stunden später wusste ich, wo sie sich befand. In einer Hanauer Bar zerrte ich wenig später die völlig überraschte Michaela aus einem der Zimmer, ließ sie ihre Sachen packen und setzte sie auf die Rückbank meines Wagens. Ich gab meinem Kumpel Sabri, der mich an diesem Tage fuhr, den Auftrag, zum nächsten Wald zu fahren. Dieses Mal musste ich Michaela die Grenzen setzen: „Jetzt ist aber Schluss! Ich habe die Schnauze voll! Ich lass' mir von dir nicht länger auf der Nase herum tanzen! Ich habe den Klappspaten dabei, eben bist du reif, bist mir lange genug auf die Eier gegangen, jetzt wirst du vergraben!"

Michaela und auch mein Kumpel Sabri bekamen eine Höllenangst: „Hey Peter, das kannst du doch nicht machen." „Babbel net rum, fahr zum Wald, eben reicht es mir." Michaela wurde lammzahm und beteuerte, sie würde nie wieder Stress machen, sie wolle in Zukunft ganz, ganz lieb sein und keinen Ärger mehr veranstalten. Das war es, was ich hören wollte. Wir kehrten um und fuhren nach Hause.

Sie ging wieder ganz artig zur Arbeit in die *Sauna 2000* – ihr Versprechen hat sie trotzdem nicht halten können, die kleine Bitch.

Ein paar Tage später erfuhr ich von einem Bekannten, dass ein mir sehr gut bekannter Bordellbetreiber aus Hanau eine Abschussprämie auf mich ausgesetzt hatte. Mich würden Türken suchen, die mich umlegen wollten. Das war natürlich kein Spaß mehr.

Ich rief diesen Bordellbetreiber an und sagte ihm, mir sei zu Ohren gekommen, dass er eine Abschussprämie auf mich ausgesetzt hätte. Er tat völlig empört: „Um Gottes Willen Peter, das würde ich doch niemals wagen!" Von wegen, ich glaubte ihm kein Wort. Ich sagte ihm, dass ich ihn mir auf alle Fälle holen werde, er sei der Erste, dem in diesem Streit die Flügel gestutzt würden. Dem Kerl ging der Arsch auf Grundeis, er wusste, dass ich mir so eine Sache nicht gefallen lassen konnte. Er jammerte, er würde einen Kontakt mit den Typen herstellen, um alles aus der Welt zu schaffen.

Was ich bis zum Treffen rausbekam war folgendes: Zwei Türken erpressten von dem Hanauer Bordellbetreiber „Schutzgeld". Er hatte tatsächlich Michaela in seinen Puff abgeworben, nur hatte ich ihm dann einen Strich durch die Rechnung gemacht. Das rief nun die beiden „Beschützer" auf den Plan. Es war völlig klar, wenn man in der Szene noch einen Namen haben wollte, dann konnte man sich nicht einfach das Mädel ausspannen lassen. Es hieß also, die oder ich.

Das Treffen mit den beiden Türken fand dann im Rundhotel in Offenbach statt. Ich war in Begleitung meines damaligen Freundes Peter dort. Wir trafen uns in der Bar und setzten uns mit den beiden an einen Tisch. Der eine war ein ganz schöner Brocken, über zwei Meter groß und mit Muskeln gut bepackt, der andere etwas kleiner, aber beide hatten sie eine dicke Lippe. Zogen beide gleich ihre Lederjacken zur Seite, sodass wir ihre Pistolen sehen konnten. Wir waren natürlich auch gut bestückt und gewährten den Jungs 'nen kleinen Einblick. Da waren die Fakten schon mal gleich geklärt.

Es stellte sich heraus, dass die Jungs noch ein paar Bordellbesitzer im Raum Hanau finanziell in die Pflicht genommen hatten und nun ihr „Schutzgebiet" erweitern wollten. Sie verlangten doch tatsächlich die Namen von Frankfurter Bordellbetreibern, aber da konnten wir ihnen leider nicht weiterhelfen. So gingen wir erst einmal friedlich auseinander.

Es dunkelte bereits, als ich am 1. Weihnachtsfeiertag '89 einen Anruf aus dem *Chicago* bekam, einem Bistro, das ich von meinem Fenster einsehen konnte. Am anderen Ende der Leitung war der übergroße Türke und wollte, dass ich rüber komme.

Ich hatte echt keinen Bock auf diese Vögel und sagte, ich hätte keine Zeit, worauf der Große drohte: „Wenn du nicht runter kommst, dann kommen wir eben zu dir nach oben.“ Mir blieb keine andere Wahl, als mich mit ihnen zu treffen.

Vorher rief ich schleunigst meinen Freund Peter an und bat ihn, schnellstens mit ‘ner Wumme zu mir zu kommen, da es nach Stress mit den Türken aussehen würde.

Als ich aus der Haustür ging, kamen mir schon fünf Türken entgegen. Scheiße aber auch, die sahen nicht gerade freundlich aus, und ich war unbewaffnet. Der Große baute sich vor mir auf und verlangte 10.000 Mark innerhalb der nächsten drei Tage für die Sache mit Michaela von mir.

Ich sollte auch gleich dem Besitzer des *Chicago* und dem Peter, der damals eine gut gehende Kneipe in Offenbach besaß, Bescheid geben, auch sie hätten in Zukunft zu zahlen.

„O. K., werde ich ausrichten“. Was konnte ich tun? Ich stand da mit leeren Händen, vor fünf bewaffneten Jungs, die Schutzgeld erpressen wollten. Mit Karate und Straßenkampf konnte ich da mal nix machen. Meine Devise war, schön ruhig bleiben und nicken, der Rest würde dann schon gebügelt.

Die Typen sind dann auch verschwunden und kurz darauf kam Peter angefahren. Ich erzählte ihm von den Forderungen und wir trafen uns mit Willi, dem Besitzer des *Chicago*. Auch er hatte einige enge Freundinnen im horizontalen Gewerbe und verdingte sich als Zuhälter. Eier hatte er leider nicht gerade, er sei zum Zeitpunkt des nächsten Treffens mit diesen Jungs geschäftlich unterwegs, er könne leider nicht daran teilnehmen. Das Treffen sollte in seinem Laden stattfinden, alleine schon aus diesem Grund hätte er vor Ort sein müssen. Also versammelten wir unsere eigenen Jungs und schmiedeten Pläne für das Treffen.

Am vereinbarten Tag waren unsere Jungs rund um das *Chicago* verstreut postiert. Einige hatten Knarren, Baseballschläger und sogar Molotow-Cocktails dabei. Auch im *Chicago* waren Leute an jeder Ecke abgestellt. Alles klar, die Typen konnten kommen.

Der Große kam alleine. Er trug einen Mantel und vergrub die Hände in den Taschen. Als er den Laden betrat, sagte ich zu ihm: „Also Großer, erstmal Servus, jetzt hörst du mir mal zu, O. K. Du wirst dich in Frankfurt und Offenbach in der Zukunft nicht mehr sehen lassen, du hast Stadtverbot."

Ich war mit meiner Ansprache noch nicht ganz fertig, da explodierte Harry, einer unserer Jungs, und verpasste dem Großen einige Boxhiebe gegen den Kopf. Dann ging alles ganz schnell: Der Große trat die Flucht an, wir die Verfolgung. Da hörte ich einen Schuss. Der Große hatte aus der Manteltasche auf Peter geschossen und ihn am Bein erwischt. Also zückte ich meine 44er Magnum und schoss auf den Großen, der geschickt auswich und schnell zu weit weg war. Ich konnte ihn nicht treffen. Ein Querschläger sauste durch das Fenster im Erdgeschoss der Villa, in der ich wohnte. Sie blieb im Spiegelschrank des Badezimmers meines Nachbarn stecken. Er hatte sich noch kurz zuvor dort rasiert.

Der Krankenwagen und die Polizei waren schon informiert, ich musste schnellstens meine Kanone verbunkern und fand im Eisfach des Kühlschrankes im „Chicago" ein vorläufiges Versteck.

Der Polizei gegenüber sagten wir natürlich, dass die Türken versucht hatten, das *Chicago* zu überfallen und wir dem Peter zur Hilfe gekommen sind. Von uns hätte natürlich keiner geschossen. Nachdem die Polizei unsere Personalien aufgenommen hatte, fuhr ich ins Krankenhaus, um zu erfahren, wie es Peter ging. Es handelte sich um einen glatten Durchschuss, nicht allzu gefährlich, Gott sei Dank. In den folgenden Wochen ging ich ohne Knarre nicht mehr aus dem Haus.

Die Sache war dann erledigt. Wie ich später irgendwann erfahren habe, sind die beiden Türken bei einer anderen Sache aufgeflogen und im Knast gelandet. Dabei hat wohl einer von beiden auch noch gequatscht, was ihm bei seiner Entlassung nicht gut bekommen sein wird.

Im Januar 1990 war ich abends mit einem Freund in der Diskothek *Musikhall* zum Feiern. Nach einigen Nasen Koks war ich drauf wie Harry, mein Alkoholkonsum stieg enorm und trotzdem fühlte ich mich topfit.

Eine meiner Exfrauen kam zu mir und beschwerte sich, ein Typ würde sie ständig blöd anmachen, ob ich ihr mal gerade helfen könnte. Kein Problem, ich redete kurz mit dem Typen und er verließ den Laden. Wir wollten dann auch weg in eine andere Disco. Draußen wollte der Typ, den ich weggeschickt hatte, gerade in ein Taxi einsteigen. „Hey, warte mal gerade, hol dir ein anderes Taxi, dieses brauchen wir." Er hat dann gejammert, es würde wieder eine Ewigkeit dauern, er hätte auf dieses Taxi schon über eine halbe Stunde warten müssen. „O. K., wir nehmen dich mit, du zahlst das Taxi und eine Flasche Wodka in der Disco im Westhafen." Dem Typen ließen wir keine andere Wahl als zuzustimmen. Als ich mir dann im Westhafen auf der Toilette die Hände wusch, kam er schon wieder an und fragte mich, ob ich ihm 10 Mark für ein Taxi geben könne, er wolle nach Hause und habe keine Kohle mehr.

Mir sind dann echt die Nerven durchgegangen und ich habe die 44er gezogen. Er musste niederknien, und ich schob ihm die Kanone in den Mund. „Hast du was am Ei? Typ, verpiss dich, aber ganz schnell!" Er hat sich dann echt vollgepisst vor Angst und sich ganz flott aus dem Staub gemacht.

Ich bin auf diesen Vorfall keineswegs stolz, ich sehe die Situation heute noch manchmal vor mir, aber es gehört zu dem, was ich erlebt habe. Ich konnte schon ein richtiges Arschloch sein.

Noch am gleichen Abend geriet ich mit einigen Zuhältern und Puffbesitzern aneinander, die aus Hamburg und Düsseldorf zur Geburtstagsfeier des berüchtigten Frankfurter Luden Aki angereist waren. Ein Wort gab das andere, der Düsseldorfer gab mir eine Rückhand, ich griff zur Kanone, da machte es mehrmals dong dong dong, und mir lief das Blut über das Gesicht. Einer hatte mir den Baseballschläger mehrmals auf den Kopf gehauen, die Kanone war mir aus den Händen geflogen. Ich sollte mich wegen meiner Äußerung über den Hamburger Bordellbetreiber entschuldigen, stattdessen bespuckte ich ihn mit Blut. Ich hatte diesen Kampf verloren, nicht aber meine Ehre.

Vielleicht war es die Strafe Gottes, hatte ich doch kurz vorher noch den armen Typen niederknien lassen. Es war ein völlig verrückter Tag gewesen und natürlich war ich wegen all dem Koks und Alk total neben der Spur.

Ich fuhr nach Sachsenhausen zu meinem Kumpel Stefan und klingelte ihn aus dem Bett. Als er mich sah, erschrak er. Mir lief das Blut aus vier Platzwunden am Kopf ins Gesicht. Meine Augen schmerzten wie die Hölle – jemand hatte mir im Gewühl die Finger bis zum Anschlag hineingedrückt. Ich musste dringend in eine Klinik. Wir fuhren also ins Schifferkrankenhaus in Sachsenhausen, wo meine Wunden genäht wurden.

Plötzlich ging die Tür auf und zwei Bullen kamen in den Raum. Sie legten mir Handschellen an und befestigten diese direkt an der Bahre. Sie waren wegen der Sache mit dem Typen unterwegs, den ich hatte niederknien lassen. Er hatte mich angezeigt. Sie fragten nach der Pistole und nach dem „Überfall" auf diesen Typen. „Welch ein Überfall denn, seid ihr blind? Ich bin überfallen und niedergeschlagen worden, ihr seid doch verwirrt", war alles, was mir dazu noch einfiel.

Sie entfernten erst die Handschellen und dann sich selbst. Bevor sie wieder zurückkommen würden, hatte ich schon auf eigene Verantwortung das Krankenhaus verlassen. Ich sah aus wie ein Zombie, konnte fast nix sehen, hatte ein dutzend Fäden aus dem Kopf ragen, die Augen zugeschwollen, außen blaugelb und grün, innen blutrot.

Stefan gab mir den Schlüssel zu der Wohnung seines Mädels, ich musste jetzt erstmal untertauchen. Die Bullen würden recht bald dahinter kommen, dass ich sie gelinkt hatte, und mich suchen.

Amsterdam

Zwei Wochen hielt ich mich in der Wohnung auf, ohne sie zu verlassen, wie auch, ich konnte so gut wie nichts sehen. Aber in mir reifte der Plan, Deutschland für eine Weile den Rücken zu kehren.

Als ich wieder einigermaßen beieinander war, brachte mich ein Bekannter aus Mönchengladbach über die Grenze nach Amsterdam. Im Gepäck hatte ich Stefan, seinen Hund und Michaela, mein rumänisches Mädel.

Wir nahmen uns ein Hotelzimmer und feierten erstmal unser neues Leben. Am nächsten Morgen fanden wir für Michaela in Amsterdams Rotlichtviertel am Neumarkt eine freie Kammer, das sind dort die Arbeitszimmer der Huren. Von der gegenüberliegenden Bar konnte ich Michaela im Auge behalten und den Umsatz rein- und rausmarschieren sehen: Es war ein Top-Platz.

Später haben Michaela und ich eine Wohnung am Neumarkt gefunden, über zwei Etagen, unten Wohnzimmer, Küche und Toilette, oben zwei Schlaf- und ein Badezimmer. Ich zahlte dafür 1.600 Gulden Monatsmiete, war korrekt. Im Erdgeschoss war ein Bistro, rundum Schaufenster, in denen die horizontalen Mädels Freier animierten, da ging schon die Post ab, hat mir damals gut gefallen. Aus meinem Wohnzimmerfenster konnte ich direkt auf den Neumarkt schauen. Ich betrachtete mir gerne aus dem Fenster das Treiben der Leute, das war pures Leben direkt live vor meinen Augen.

In Amsterdam konnte man ganz locker eine Tüte rauchen, ohne dabei kriminalisiert zu werden. Man saß vor einer Bar an der Gracht mit einem Kaffee und einem Joint in der Hand, Polizisten gingen vorbei und grüßten freundlich. Das ist cool, vor solchen Polizisten habe ich Respekt.

Ich habe sieben Monate in Amsterdam gelebt, das war eine geile Zeit, aber auch sehr stressig. Michaela war einige Male abgehauen und irgendwann gab ich es auf, nach ihr zu suchen. Ich habe nie wieder von ihr gehört.

Ich ließ ein mir bekanntes Mädel aus Deutschland kommen, sie blieb ein paar Monate und schaffte gut Kohle an, bis ich mit einer Österreicherin zusammenkam. Sie war auf Kokain, sie schnupfte und rauchte die Droge. Ich hatte da keinen Bock drauf und sagte ihr, sie solle die Finger davon lassen. Einen gro-

ßen Teil dessen, was sie anschaffte, gab sie für Kokain wieder aus. Das passte mir gar nicht. Sollte sie sich doch einen anderen Beschützer suchen. Ich verlangte 10.000 Gulden Abstand von ihr, und damit wäre die Sache für mich erledigt gewesen.

Nach ein paar Tagen begegnete ich einem mir bekannten Puffbesitzer. Ich solle aufpassen, die Österreicherin sei zur Polizei gegangen und hätte mich dort angezeigt. Ich wollte das gar nicht glauben und bin zu ihrer Kammer gelaufen, aber sie war nicht dort – ein schlechtes Zeichen. Es war kurz vor Mitternacht, als es bei mir zuhause klingelte. Als ich die Tür aufmachte, staunte ich nicht schlecht. Da stand eine ganze Horde Polizisten. Man nahm mich wegen „Mishandeling und Afpersing" fest, wegen Misshandlung und Erpressung. Die österreichische Bitch hatte mich tatsächlich angezeigt. Die Polizisten, die bei einem Joint noch so nett grüßten, verstanden hier gar keinen Spaß mehr.

Also ging es direkt in Haft und am nächsten Morgen zur Vernehmung mit einer Dolmetscherin. Ich erzählte von der Drogensucht, von meiner Mithilfe, sie davon wegzubekommen, und bla bla bla. Man versucht ja, sich immer wieder rauszureden.

Am Ende wurde ich aus den Niederlanden abgeschoben, das heißt, nach drei Tagen hinter Gittern setzte man mich in einen Polizeibus und fuhr mich zur Grenze. Dort wurde ich dem deutschen Zoll übergeben. Nach Überprüfung meiner Personalien wurde ich in eine Haftzelle geführt, es lag ein Haftbefehl gegen mich vor, weil ich zu einer Verhandlung als Angeklagter wegen Körperverletzung nicht erschienen war. Ich nahm das mir zustehende Recht auf ein Telefonat mit meinem Anwalt in Anspruch. Ich bat ihn, den zuständigen Richter anzurufen und eine Kautionssumme zu vereinbaren, damit ich aus der Haft raus könnte. Aber der Richter ließ mich nicht raus, er wollte sicherstellen, dass ich zur nächsten Verhandlung persönlich zugegen war.

Ein als Gefängnis umgebauter Reisebus kutschierte mehrere Häftlinge und mich über die Straßen und Autobahnen nach Frankfurt am Main, meiner alten Heimat. Meine Hände waren mit Handschellen gesichert, zusätzlich war ich in einer Mini-Haftzelle eingeschlossen. Wir fuhren einige JVAs auf der Strecke an, um Gefangene ein- oder auszuladen. Im Innenhof der JVA Koblenz machten wir fast eine Stunde Pause. Es war Hochsommer und die Luft im Bus zum Ersticken. Die Begleiter hatten die Klimaanlage abgestellt, es wurde immer heißer und die Gefangenen fingen an zu murren. Dann endlich fuhren wir weiter bis zur JVA Mainz. In diesem Horrorknast hatte ich 1979 einige Wochen in U-Haft gesessen. Dort übernachteten wir. Jeder bekam eine Decke und man schloss uns in Gemeinschaftszellen zu je 10 Leuten ein. Ich fragte, was denn mit Abendbrot sei? Das käme noch, bekam ich zur Antwort. Etwas später hörte ich, wie draußen ein Wagen vor unsere Tür gerollt wurde. Die Zellentür wurde geöffnet und dort stand ein großer Kübel Wasser mit einer Kelle drin, daneben eine Plastikwanne bis oben gefüllt mit trockenem Brot. Rund um den „Essenswagen" standen Beamte, kein Hausarbeiter war dabei, die Kerle wollten uns echt provozieren. Ich war nach diesem Tag und der Tortur im Bus vor'm Ausflippen. Am liebsten hätte ich ein paar von den Schwachmaten für diese miese Behandlung weggeboxt. Gott sei Dank hat mich ein Mithäftling weggezogen: „Hey, beruhige dich, hat keinen Sinn, sich mit den Idioten zu boxen. Warte, bis die Zellentür zu ist, ich hab was zu kiffen einstecken, das rauchen wir weg, wirst sehen, dann geht es dir viel besser." Und so war es auch.

Am nächsten Morgen erreichten wir Frankfurt und die JVA Preungesheim. Dort wurde ich eingekleidet und im 7. Stock in eine Einzelzelle gekerkert. Am nächsten Mittag hörte ich die Ansage aus der Rufanlage, wer sich das Fußballspiel anschauen wolle, solle Licht drücken. Gerade lief die Weltmeisterschaft 1990 in Italien, und klar hatte ich Bock auf Fußball, erst recht hier in dieser Einöde. Ich drückte also Licht und freute mich schon auf das Spiel, da ging die Tür auf und ein kleiner, dicklicher Schließer fragte mich, was ich denn wolle?

„Ich will zum Fußballgucken in den Freizeitraum gehen."

„Sind Sie schon zwei Monate hier?"

„Nein, wieso?"

„Sie müssen erst zwei Monate hier sein, überprüft und beobachtet werden, bevor Sie an der Freizeit teilnehmen dürfen."

Na klasse, ich war echt bedient. Was für ein kleiner mieser Schließer, er geilt sich daran auf, dass ich mich aufregte. Ich beschimpfte ihn als kleine Schwuchtel, woraufhin er die Zelle wieder abschloss. Ich war zu der Zeit wirklich mies drauf und natürlich hatte er auch nur seine Vorgaben zu erfüllen.

Beim Hofgang traf ich dann Basti, wir kannten uns von draußen. Er belegte alleine eine Doppelzelle und hatte einen kleinen Fernseher. Ich bin dann zu ihm auf Zelle gezogen. „Siehst du, scheiß Beamter, jetzt kann ich auf der Zelle fernsehen und Fußball gucken, wann ich will", dachte ich mir nur.

Ich war zehn Wochen in U-Haft, bis es endlich zur Verhandlung vor dem Amtsgericht Offenbach kam. Es ging um eine Anzeige wegen Körperverletzung. Eine Prügelei in einer Offenbacher Kneipe, bei der ich aber ausnahmsweise nicht zum Zug gekommen war. Ich war einfach nicht an den Kerl herangekommen, meine Kumpels waren schneller.

Jetzt zahlte sich's aus – ich bekam einen glatten Freispruch, den ersten meines Lebens. Das hat mich echt gefreut. Ich war frei, war wieder in Frankfurt, echt geil, die Schießerei mit den Türken und der Palaver mit den Bullen war im Sande verlaufen.

Back in Rhein-Main – unverhofft kommt oft

Ein Kumpel hatte eine kleine Wohnung, aus der er raus wollte, die müsste ich nur renovieren und könnte dann gleich dort einziehen. Ich habe Farbe, Bürste und Pinsel besorgt und mit der Renovierung angefangen. Abends bin ich zu Peter in die Kneipe, habe etwas gegessen und ein, zwei Bierchen getrunken. An diesem Abend kamen zwei Mädels rein, die ich kannte, zwei hübsche Teilchen. Wir unterhielten uns, und sie fragten, wie es mir ginge. „Mir geht es beschissen", sagte ich, „habe zwei Tage bei einem Kumpel auf dem Sofa geschlafen, weil die Wohnung noch nicht fertig renoviert ist."

Die eine, sie hieß Michaela, hatte aber ansonsten wenig mit dem rumänischen Nervenbündel gemein, lud mich ein, bei ihr zu übernachten, wenn ich Lust hätte. Aber Hallo! Selbstverständlich hatte ich Lust, und wie! Bei ihr zuhause habe ich erstmal geduscht, und sie brachte mir Handtücher. Nur im Höschen, die Möpse, eine gute Handvoll, standen prall, die Nippel leicht nach oben zeigend – so turnte sie vor mir rum. Ich könne im Bett schlafen, sie würde sich auf das Sofa legen.

„Du kannst ruhig mit mir im Bett schlafen, musst keine Angst haben, ich tue nichts, was du nicht möchtest", raunte ich ihr zu. Das war wirklich eine geile Nacht, sie wollte alles, seit langer Zeit mal endlich wieder so ein richtig geiler Fick, das Mädel war wirklich heiß.

Am nächsten Morgen wurde ich wach, weil mir ein herrlicher Duft von Kaffee und frischen Brötchen in die Nase wehte. Ich stand auf, ging in die Küche und setzte mich an den schön gedeckten Frühstückstisch. Michaela hatte mir noch Eier mit Speck auf den Teller gegeben, echt super! „Hier bleibe ich", dachte ich bei mir, und so kam es dann natürlich auch. Die Renovierung der Wohnung brach ich sofort ab und zog bei ihr ein. Nach zwei Wochen war die *Sauna 2000* ihr neuer Arbeitsplatz. Wir hatten viel Spaß zusammen, alles hat so weit gepasst, bis sie kurz vor Weihnachten von jetzt auf gleich nicht mehr anschaffen wollte. Ich wollte sie ja zu nix zwingen, doch das war der Anfang vom Ende unserer Beziehung. Ich packte meine Sachen und zog für ein paar Tage zu meinem alten Kumpel Stefan.

Wenn ich heute so über mein Verhältnis zu Frauen damals nachdenke, dann fällt mir auf, dass ich total unfähig war, in einer wirklichen Beziehung zu leben. Eigentlich hatte ich wirklich Glück. Die Frauen flogen auf mich – zumindest kam ich ganz gut an. Doch kaum waren wir sozusagen ein „Paar", da dachte ich auch schon die Kohle, die sie für mich verdienen könnten.

Mit dem Anschaffen ging dann natürlich die gesamte „Beziehung" in den Arsch und ich stand früher oder später wieder alleine da. Ganz abgesehen von dem Stress, denn es zwischendurch immer mal wieder gab. Ich musste und wollte aus diesem Teufelskreis aussteigen.

Kokain – das Geschäft mit dem weißen Stoff

Ich musste einen Weg finden, auf andere Weise an Geld zu kommen. Auf die Huren und das ganze Drum und Dran hatte ich echt keinen Bock mehr. Ich war damals mit einem persischen Teppichhändler gut befreundet. Bei einem Treffen fragte ich ihn, ob er mir vielleicht weiterhelfen könnte, ich müsste eine schnelle Geldquelle finden. Er stellte mir ein paar Tage später einen Kolumbianer vor, der direkten Kontakt zu kolumbianischen Drogenbossen hatte. Diego übergab mir 50 Gramm Kokain und eine Telefonnummer zwecks Verabredung eines nächsten Treffens. Der Grammpreis betrug 65 Mark. Er vertraute mir und gab mir den Stoff in Kommission bis zum nächsten Treff. Das Kokain war allererste Sahne, ich verkaufte es ungestreckt und für 200 Mark pro Gramm weiter.

Die 50 Gramm waren in drei Tagen weg, also vereinbarte ich telefonisch den nächsten Treff. Damals gab es zwar schon Handys, aber die Bullen waren noch nicht so in der Lage, Telefonate abzuhören wie heute. Trotzdem musste man aufpassen, was man am Telefon sagte.

Beim nächsten Treffen übergab ich Diego die Kohle für die 50 Gramm und er gab mir diesmal gleich 100 Gramm Kokain mit. Innerhalb von vier Wochen war ich im Kilobereich gelandet und verdiente natürlich richtig gut.

In Fischbach im Taunus fand ich dann eine echt geile Wohnung, die ich gerne anmieten wollte. Erdgeschoss, doppeltüriger Eingang, Schlafzimmer, Küche, Gästetoilette, Badezimmer, ein großer Flur, von wo man durch eine große Doppeltür zum Wohn-Esszimmer gelangen konnte. Das Wohnzimmer war mit Parkett ausgelegt und hatte einen offenen Kamin. Durch eine Glastür gelangte man auf die Terrasse und von dort in einen großen Garten. Die Wohnung stand zum Verkauf. Sobald ein Käufer gefunden wäre, könnte ich gleich dort einziehen, versicherte mir der Makler. Bis es so weit war, bezog ich die Suite eines ehemaligen Hotels, die mich 1.500 Mark im Monat kostete – dort ließ es sich auch gut leben. Im Erdgeschoss des Hotels befand sich ein italienisches Restaurant der etwas gehobenen Klasse, wo ich bald Stammgast wurde.

Es ging mir wirklich gut, die Geschäfte liefen super. Diego ließ mir wöchentlich zwei Kilo Kokain anliefern, die ich direkt – inzwischen hatte ich Stammkunden mit mindestens 100 Gramm Abnahme wöchentlich – weiterverteilen ließ. Ich zahlte 65.000 Mark pro Kilo und verkaufte es für 90.000 Mark. Das war ein guter, schneller Schnapp.

Und für alle, die jetzt die Nase rümpfen und mir vorhalten, dass das dreckiges Geld sei, denen sage ich, sie sollen sich nicht die armen Junkies vorstellen, denen ich sozusagen das letzte Hemd abgenommen hätte. Die armen Schweine haben doch überhaupt nichts auf der Tasche und hängen am Heroin, was ich nie verdealt habe und was echt der letzte Dreck ist. Kokain wird an eine ganz andere Kundschaft vertickt, die ringsherum in den Bankentürmen sitzt und eben auch die nötige Kohle hat.

Für die Verteilung hatte ich Hans, einen Chemiestudenten, der mein Fahrer und mein Mädchen für alles war, angelernt. Im Taunus hatte ich einige Zimmer in Pensionen und Hotels für die kolumbianischen Schlepper angemietet. Jede Woche flogen mehrere nach Frankfurt ein und lieferten mir die bestellte Ware. Das Kokain war zu Bomben – so Zäpfchen – zu je zehn Gramm gepresst, in Kondome gefüllt und in flüssiges Wachs getaucht worden. Die meisten Schlepper brachten achtzig bis neunzig Bomben mit, es kamen aber auch Frauen, die höchstens sechzig Bomben schlucken konnten.

Den Schleppern verabreichten wir nach Ankunft im Hotel oder der Pension ein Abführmittel, damit sie die Bomben schnellstens ausscheiden konnten, die Abnehmer warteten bereits auf die Ware. Wir hatten dazu die Toiletten entsprechend präpariert, damit auch nichts versehentlich abgespült werden konnte. Der Schlepper suchte dann die Bömbchen aus der Schüssel und warf sie in die Badewanne. Dort spülte er sie mit der Brause ab und verstaute alles in einer Plastiktüte. Diese hat total nach Scheiße gerochen, aber so macht man aus Scheiße Geld.

Auch Dealer brauchen mal Pause

Ich hatte Bock auf Urlaub und buchte mit Stefan und seiner damaligen, sehr geil versauten Freundin Marion, eine zweiwöchige Reise nach Santa Lucia in der Karibik. Dort ließen wir es richtig krachen: Wir hatten je einen Bungalow mit Klimaanlage, den Pool vor Augen, einen kurzen Fußweg zum Meer, es war einfach geil. Mädels gab es bis zum Abwinken, eine geiler als die andere.

Gelegentlich besorgten wir Gras in den umliegenden Slums. Da sah man schon ein verdammtes Elend. Als Tourist kriegst du das alles gar nicht mit. Trotzdem sind die Menschen dort immer gut drauf, singen, tanzen und laden dich zum Essen ein. Sie haben nicht unsere Sorgen, sie sind genügsam und darum echt beneidenswert. Ich habe Hütten gesehen, die zwei Meter breit und drei Meter lang waren. Da kam voll die laute Reggae-Musik aus der Bude, die Leute hatten eine Lebensfreude, das war einzigartig.

Nach meiner Rückkehr berichtete mir mein Knecht Hans, dass er während meiner Abwesenheit 100.000 Mark eingenommen hätte. Besser hätte es nicht laufen können. Das dachte ich zumindest damals. Ich lebte halt in einer anderen Welt.

Für die Wohnung in Fischbach war immer noch kein Käufer am Start. Mein Ex-Schwager kannte den Makler persönlich, also vereinbarten wir ein Treffen, und schlugen vor, die Wohnung mit einer Anzahlung von 100.000 Mark auf den Namen meines Schwagers zu kaufen. Ich hätte der Bank in meiner Situation mit keinerlei Sicherheiten oder einem dicken Konto dienen können. Der Deal kam zustande: Die Wohnung lief auf den Namen meines Schwagers, ich mietete sie von ihm und war gleichzeitig in seiner Firma beruflich angemeldet. Ich bezog offiziell Gehalt und bezahlte pünktlich meine Miete.

Nun suchte ich mithilfe meiner damaligen Noch-Ehefrau Carmen Möbel für meine neue Wohnung aus. Sie hatte einen wirklich guten Geschmack, außerdem liebte ich sie noch immer, und ihre Nähe tat mir gut. Für insgesamt 250.000 Mark ließ ich Möbel anliefern, die ich alle bar bezahlte.

Zu meinem 36. Geburtstag gab ich eine Geburtstags- und Einweihungsparty: Im Garten wurde ein Zelt für 100 Gäste aufgebaut, daneben ein kleines Zelt, in dem man sich von der bekannten Frankfurter Wahrsagerin Nina Alef die Karten legen lassen konnte. Beim Empfang wurde ein Glas Champagner von einer bestrapsten süßen Maus überreicht, auf der Terrasse lockte ein kaltes Buffet, im Wohnzimmer tanzten zwei Türkinnen Bauchtanz, im großen Zelt spielte eine Live-Band. Zur Belustigung hatte ich einen Zauberer gebucht. Bei dem Typen ist alles schiefgegangen, wir haben uns fast totgelacht und ihn am Ende ausgebuht. Ich hatte Gäste aus allen Kreisen der Gesellschaft, Makler, Rechtsanwälte, Zuhälter, Arbeiter, und auch meine Familie war anwesend. Trotz meiner Haft und Eskapaden – und obwohl ich auf der anderen Seite des Gesetzes stand – hat mich meine Familie, insbesondere mein Vater, nie fallen gelassen. Er war sicherlich nicht glücklich über meinen Lebenswandel, aber er hat immer zu mir gehalten. So richtig ging die Post aber erst ab, als die Verwandten nach Hause gefahren waren: Am Ende haben die Leute zugekifft oder zugesoffen irgendwo abgehangen. Es war eine super Sause gewesen.

Mein Kumpel Paul hatte eine geile blonde Maus zur Party mitgebracht. Als ich zur Toilette ging, legten Paul und die kleine Blonde dort gerade eine Nase Koks. Ich bin da gleich mal dazu gekommen und habe auch eine Nase gezogen. Die geile Blonde musste pissen, setzte sich einfach auf die Toilette und ließ den Strahl laufen. Das hat mich gleich so geil gemacht, dass ich ihr meinen Schwanz direkt tief in den Schlund steckte, und sie hat so geil geblasen, dass ich ihr nach ein paar Minuten voll in den Hals spritzte. Mann, war das eine geile Sau.

Mit Carmen, meiner von mir getrennt lebenden Ehefrau, hatte ich mich wieder versöhnt. Wir lebten nach wie vor in getrennten Wohnungen, sie war aber die meiste Zeit wieder bei mir. Sie hatte nach unserer Trennung eine Arbeitsstelle in einem Geschäft für Lederwaren gefunden. Eines Tages wurde sie krank und konnte nicht zur Arbeit gehen. Ich sollte ihre Krankmeldung bei der Chefin abgeben. Ich fuhr also in den Laden und übergab die Krankmeldung einer affektierten, älteren Dame. Diese Dame war so arrogant und frech zu mir, dass ich Carmens Arbeitsvertrag direkt mündlich kündigte. Ich fuhr nach Hause und sagte Carmen, sie solle sofort per Brief ihren Arbeitsplatz kündigen und nicht einen Tag länger in diesen Laden gehen. Ich würde ihr monatlich 3.000 Mark zuschießen. Sie kündigte und wir kamen uns wieder näher.

Die Geschäfte liefen gut, ich glaubte, alles im Griff zu haben. Zu Weihnachten gab ich eine Party, zu der enge Freunde aus Spanien, ein kleiner Drogenboss aus Kolumbien und auch ein paar weitere Freunde und Bekannte eingeladen waren. Der Spanier wollte wöchentlich zwei Kilo Koks nach Barcelona geliefert bekommen. Der Kolumbianer wollte mich als Mittels- und Gewährsmann, ich sollte 10.000 Mark pro Kilo als Provision erhalten.

Ich war eigentlich genau da, wo ich hinwollte: Ganz oben, die Kohle locker einstecken, ohne großes Risiko, nix mehr selbst in den Händen, von den Bullen nicht zu fassen. Das ist doch am Ende der Traum eines jeden Ganoven, der gegen das sogenannte Gesetz verstößt.

Ich hatte schon jemanden ausgesucht, der die laufenden Geschäfte in Frankfurt und Umgebung übernehmen sollte, ich wollte mich ganz in den Hintergrund stellen. Carmen konnte Spanisch und dolmetschte bei den Verhandlungen mit den Kolumbianern. Die wollten Diego aus unserer Geschäftsbeziehung raushalten, er habe sie um 400.000 Mark betrogen. Damit hatte ich nichts am Hut und meine anderen Geschäfte mussten ja weiterlaufen. Ich besprach mich mit Diego, weil ich ihn nicht ausbooten wollte und sagte ihm eine weitere finanzielle Beteiligung zu.

In der Zwischenzeit kamen einige Kuriere nicht durch. Entweder sie wurden erwischt und festgenommen oder aber sie überlebten den Flug nicht, weil eine Bombe geplatzt war. Mein Nachfolger für die Frankfurt-Geschäfte war mittags unterwegs, um eine Lieferung bei einem Schlepper im Taunus abzuholen. Das war scheiße gelaufen. Den Schlepper hatte nämlich die Kripo schon am Flughafen im Visier gehabt. Als Peter, mein Nachfolger, die Wohnung verließ und sich in sein Auto setzte, blickte er plötzlich in mehrere Pistolenläufe der Bullen. Er hatte keine Möglichkeit zu flüchten. Peter wurde in die JVA Preungesheim in Untersuchungshaft genommen.

Ich musste mich nicht sorgen, dass er mich belasten würde, er hatte die Ganovenehre nie beschmutzt und bei den Bullen geplaudert, auf ihn konnte ich mich verlassen. Ich wusste nur nicht, wie nahe die Bullen schon an meiner Person waren.

Ein Bekannter von mir besaß ein Ferienhaus in Österreich. Ich fragte ihn, ob ich dort für ein paar Wochen unterkommen könnte, ich bräuchte mal etwas Luftveränderung. Er stimmte zu und war auch bereit, mich in meinen Unterschlupf zu chauffieren. Ich war froh, Frankfurt für ein paar Wochen verlassen zu können, die Bullen waren mir am Arsch, das spürte ich nun immer deutlicher.

Ich telefonierte alle paar Tage mit meinen Anwälten, um zu erfahren, ob sie irgendetwas gehört hätten. Alles blieb ruhig, die

Bullen suchten mich nicht, es lag kein Haftbefehl vor. Ich blieb insgesamt drei Wochen in Österreich, bin Ski gelaufen und gewandert. Zurück in Frankfurt leuchtete ich das Umfeld ab, alles schien O. K., nichts Verdächtiges.

Man schickte mir dann zwei Koffer, die mit vier Kilo Kokain getränkt sein sollten. Fühlen oder riechen konnte ich von dem Stoff nix, die Koffer haben nicht geklebt, man konnte echt nichts sehen. Um an das begehrte Puder heranzukommen, wurde extra ein Chemiker aus Kolumbien eingeflogen. Wir hatten in der Zwischenzeit die benötigten Chemikalien mit Beziehungen zu den Farbwerken Höchst beschaffen können. Bei einem Bekannten, der Teile unserer Ware verdealte, richteten wir dann ein Labor im Keller ein. Der Chemiker und Hans, meine rechte Hand, waren die ganze Nacht am Werkeln, zwei Kilo waren schon gewaschen. Am Morgen klingelte das Ordnungsamt bei meinem Bekannten, sie hätten einen Anruf erhalten, dass aus dem Keller sonderbare Gerüche kämen, sie wollten mal nachschauen. Mein Bekannter verweigerte den Ordnungsbeamten den Zutritt, sodass sie unverrichteter Dinge gehen mussten. Meine Jungs konnten einen Großteil des ausgewaschenen Kokains in Sicherheit bringen. Das Labor wurde kurze Zeit später vom Drogendezernat der Kripo gestürmt und ausgehoben.

Als ich mir am nächsten Morgen an einer Tankstelle die Zeitung kaufen wollte, tippte mir jemand auf die Schulter: „Herr Müller, Sie sind festgenommen“. Ich war sofort von einigen Kripoleuten umzingelt. Man legte mir Handschellen an, setzte mich ins Auto, und ab ging die Fahrt nach Frankfurt ins Präsidium. Die Jungs hatten Panik gehabt, mich zuhause festzunehmen, ich hatte einige Mitbewohner wie etwa eine Schlange, einen Skorpion, einen Papagei, Piranhas, zwei Yorkshire Terrier – alles gefährliche Bestien. Nach dem üblichen Prozedere, Fingerabdrücke und Fotosession, die

Nachrichten aus Frankfurt

Rechtsanwälte, Makler, Autohändler mischten mit
Sachsenhäuser Kokain-Bande gesprengt

Von ANDREA HILSCHER

Flughafen, Zollkontrolle. Der Kolumbianer Jesus H. (26) wird von Kontrolleuren aufgehalten, durchleuchtet: Ein Kilo Kokain im Körper. Jesus wird verhaftet. Im Gepäck Unterlagen über ein geheimes Hotel im Raum Hofheim und einen Zuhälter (38) im Bahnhofsviertel. Monatelang ermitteln die acht Fahnder der AG Kolumbien – und sprengten jetzt eine 47 Mann starke Koks-Connection, die vom Drogenzentrum Cali bis in die Sachsenhäuser Ebbelwei-Szene führt.

Entlarvt: Der kolumbianische Resident (35) am Main: Verkaufte offiziell Telefone und Souvenirs am Hauptbahnhof. Managte den Tod. Schaffte das Geld nach Kolumbien zurück – und verdiente kräftig. Verhaftet beim Kauf eines Eigenheims (400 000 Mark).

Beim Brötchenholen festgenommen: Der deutsche Großverteiler (38): Zuhälter, Schläger, Kampfsportler. Der „Bär" engagierte eine Detektei, die Sicherheitsleute, Polizisten und Zulassungsstelle aushorchte. „Welche Autos gehören der Polizei?" Der Bär hatte keinen Führerschein, beschäftigte Hans W. (25) als Fahrer, bezahlte ihn mit Kokain. Vertraute in Deutschland nur zwei Menschen: Rechtsanwälten, die er mit Stoff versorgte.

Ausgehoben: Der Bär ließ den Chemiker Hector aus Bogota einfliegen, richtete ihm ein Drogenlabor in einer Kellerwohnung (Eschersheim) ein, wollte Kokainpaste verarbeiten. Nachbarn rochen die Chemikalien. Labor ausgehoben, Hector geflüchtet.

Festgenommen: Die Kolumbianerin Ana (28) saß im City-Nobelhotel, nahm Kleinkurieren ihre tödliche Ware ab.

Lahmgelegt: Zwei deutsche Zuhälter und Koks-Verteiler (40, 51). Sie belieferten Prostituierte, zwei Ebbelwei-Lokale in Sachsenhausen, eine Kneipe in der Innenstadt, Immobilienmakler, Anlageberater, Bankräuber, Autohändler (sieben Verhaftungen).

Im Ausland festgenommen: Drogenkurier Alexandra R. und ihr Kollege sitzen in Paris, wollten Koks auf Umwegen an den Main bringen.

Arbeitslos: Manuel C. (44) und Martha S. (45). In Bogota organisierten sie den Drogenschmuggel für das mächtige Cali-Kartell, flogen durch die Frankfurter Ermittlungen auf.

Mindestens 20 Kilo Kokain (Marktwert: 2 Millionen Mark) hat die Bande eingeschmuggelt, 11 Kilo stellten Fahnder bei 14 Festnahmen sicher.

Schöner Erfolg, aber: Die Kokser vom Main haben längst neue Lieferanten ...

Vernehmung hatte man gleich weggelassen, weil man wusste, dass ich nix zu sagen hatte – wurde ich dem Haftrichter vorgeführt. Der schickte mich zur Untersuchungshaft nach Hanau. Diego war auch festgenommen worden und saß in Preungesheim.

Knast, die Dritte

In Haft dauert es immer ein, zwei Wochen, bis man die Erlaubnis zum Einkauf und Fernsehen hat. Ich traf aber immer Leute, die mich kannten und die mir mit Kaffee, Tabak und all den Sachen, welche ich benötigte, aushalfen. Ich suchte mir immer welche, die keine Kohle für den Einkauf auf ihrem Konto hatten. Nach Absprache ließ ich dann mal einen Hunderter auf deren Konto überweisen. Ich schrieb einen Einkaufsschein für siebzig Mark, für die restlichen dreißig durfte der Mithäftling für sich einkaufen. Ich konnte mir so mehr Obst, Gemüse und andere Lebensmittel einkaufen, denn der Knastfraß war echt ätzend.

Alle waren mit dem Deal zufrieden, doch einmal wollte mich so ein Arschloch tatsächlich abziehen. Er sagte mir, die Kohle sei nicht auf seinem Konto angekommen. Schnell bekam ich aber mit, dass der Vogel für volle einhundert Mark eingekauft hatte. Am nächsten Tag gab's für ihn eine aufs Auge. Ich bin dann in den Hof und unterhielt mich mit ein paar anderen Gefangenen. Der wachhabende Dienstleiter rief mich zu sich. Er fragte mich, ob ich gerade einem Häftling auf die Augen geboxt hätte? Ich sagte: „Was heißt geschlagen? Ich habe mich nur gewehrt, er hat mich angegriffen." Als Zeugen nannte ich die drei Türken, mit denen ich gerade darüber gesprochen hatte. Sie wurden gerufen, bestätigten meine Aussage, und für mich war die Angelegenheit erledigt. Der andere wurde verlegt. Ob sich das für ihn gelohnt hat? Ich denke mal nicht.

Ich bewohnte eine Doppelzelle mit einem Typen aus Frankfurt, er war auch wegen Drogenhandels in Haft. Wir kamen gut klar, teilten uns den Einkauf und vertrieben uns die Zeit mit Kartenspielen. Wer ein Spiel verlor, musste Liegestütze machen.

Eines Abends, er lag oben in seiner Koje, ich unten in der meinen, sah ich das neben dem Waschbecken aufgehängte Handtuch wackeln. Ich grinste und sagte aus Spaß: „Na, das wird doch kein Erdbeben sein!" Auf einmal fing auch das Bett an zu wackeln wie irre, es war tatsächlich ein verdammtes Erdbeben. Es hielt zwar nur ganz kurz an, es war auch nichts passiert, doch mich machte das nachdenklich.

Was würde passieren, wenn bei einem größeren Beben ein Gebäude wie die JVA einstürzen würde? Die Wärter würden sicher um ihr eigenes Leben laufen. Da denkt doch keine Sau mehr daran, uns die Türen zu öffnen. Solche Gedanken sind echt scheiße, aber auch Realität.

Realität war auch, dass ich immer mal wieder Ärger mit den Beamten hatte. Einmal geriet ich bei der Mittagessensausgabe in

Diskussionen mit einem Schließer. Er war mir echt auf den Sack gegangen, da habe ich ihm gesagt, er solle sich etwas geschlossen halten, sonst würde ich ihm eine überziehen. Einem Kollegen der Schließschwuchtel sagte ich das Gleiche an, für den Fall, dass er sich hier auch stark machen wollte.

Etwa eine Stunde später wurde ich im Einzeltransport in die JVA Preungesheim verlegt. Als ich dort auf der Station ankam, war gerade Freizeit im gläsernen Freizeitraum. Die sich dort aufhaltenden Häftlinge konnten vom Stationsbüro aus von den Wärtern beobachtet werden. Viele Jungs, die ich von draußen kannte, begrüßten mich und fragten sofort, ob ich irgendwas benötigen würde. Ich wurde in eine Doppelzelle zu Achmed, einem Türken, gelegt. Achmed kannte ich aus der JVA Hanau, er war in Ordnung, wir haben viel gelacht.

Nach drei Monaten haben wir uns in verschiedene Zellen legen lassen, man geht sich mit der Zeit auf die Eier und braucht einen Tapetenwechsel. Mit Achmed ist aber der Kontakt auch später, als wir wieder draußen waren, nicht abgebrochen.

Ich habe dann auf eine mir in U-Haft zustehende Einzelzelle bestanden. Zweimal in der Woche konnte ich dort zum Hanteltraining und Tischtennis gehen. Ich bewarb mich als Sporthausarbeiter, weil ich mit diesem Job von morgens bis nachmittags aus der Zelle war, täglich trainieren konnte und das alles auch noch bezahlt bekam. Zu dieser Zeit fing ich an, Gedichte und Reime zu schreiben. Der Alltag lässt es nicht immer zu, dass man zu seinen Talenten findet. Aber im Knast hat man die Zeit, sich selbst von einer ganz anderen Seite kennenzulernen. Manches Mal schrieb ich, um den Frust loszuwerden, manchmal einfach, weil es mir Spaß machte, mit Worten umzugehen.

Sehnsucht nach Freiheit
Sehnsucht ist hart – Sehnsucht ist weich
Freude und Schmerz – beides zugleich
die Sehnsucht nach Dir sie lässt mich hier schweben
sehne mich sehr nach Dir und dem Leben,
Sehnsucht ist süß – kann Liebe beweisen
sie kann aber auch einfach – das Herz dir zerreißen,
Sehnsucht tut weh – sie ist in den Räumen
sie spiegelt uns wider was alles versäumen,
ich habe Mitleid – Mitleid mit denen
die nichts mehr haben – wonach sie sich sehnen ...

Mir hat das Schreiben sehr geholfen. Ich konnte dadurch Aggressionen und Emotionen anders verarbeiten. Immer wenn mich Sehnsucht, Hass, Einsamkeit und Trauer übermannten, nahm ich mir einen Stift, ein Papier und legte los. Hier noch ein Gedicht zum Nachdenken:

Traumdämonen
Kann mich denn niemand von den Nächten verschonen
wenn in meinen Träumen des Teufels Dämonen,
tanzen im Blute mit brennenden Kerzen
stoßen glühende Schwerter in elende Herzen,
ich sehe die Fratzen – ich seh' Denunzianten
die meine Freiheit im Feuer verbrannten,
ich zerbreche Gebeine – zerfetze die Glieder
und singe dazu dämonische Lieder,
des Morgens erwach' ich – im Schweiße gebadet
der blutige Traum meiner Seele geschadet,
mit Gewalt wird der Hass in mein Denken getrieben
man nahm mir die Freiheit, was ist mir geblieben,
ich denk' an die Zeit, als ich sie besessen,
sie ist in der Ferne – man hat mich vergessen ...

Ganz vergessen war ich jedoch noch nicht: Bei der Postausgabe brachte mir der Stationsbeamte einen Brief. Ich öffnete den Umschlag und las die Zeilen. Da schrieb mir ein Mädel namens Karin, warum ich ihr nicht antworten würde, sie wolle mich gerne besuchen. Ich wusste nicht, wer das sein sollte, und brachte den Brief zum Stationsbeamten zurück. Ich sagte ihm, der Brief sei sicherlich für den Peter Müller, der in Hanau einsitze. Der Beamte verneinte das und gab mir den Brief zurück.

Also schrieb ich dem Mädel, sie solle mir mal ein Bild von sich schicken, vielleicht würde ich mich an sie erinnern. Den Brief gab ich am nächsten Morgen beim Beamten ab. Die Briefe wurden vormittags zum Gericht gefahren und an den zuständigen Geschäftsstellen der Staatsanwälte abgegeben. Die Briefe wurden dann von wem auch immer geprüft und weitergeleitet. Bis ein Brief den Adressaten erreichte, vergingen bis zu drei Wochen.

Ich bekam am nächsten Tag noch einen Brief von Karin. Es war der erste, den sie an mich geschrieben hatte, die beiden Briefe mussten sich überschnitten haben. Karin schrieb mir, sie hätte mich draußen öfters gesehen, sie hätte mich schon damals cool gefunden. Ich solle ihr schreiben, ob ich Bock auf einen Besuch von ihr hätte. Na ja, inzwischen hatte ich ihr geschrieben, nun wartete ich auf Antwort – und auf das Foto. Es dauerte nochmals zwei Wochen, bis mich der nächste Brief mit einem Foto erreichte, aber als ich ihr Foto sah, traf mich fast der Schlag! Ein süßes, überdurchschnittlich gutaussehendes Mädel lachte mich mit langen schwarzen Haaren und großen, dunklen Augen an. Ich konnte fast die Augen nicht vom Foto lassen, dann las ich den Brief.

Sie sei vierundzwanzig Jahre alt, hätte keinen Bock auf Jungs in ihrem Alter, ich würde ihr gefallen, sie würde mich deshalb gerne besuchen kommen, um mich näher kennenzulernen, man müsse ja nicht gleich heiraten. Auf der Stelle habe ich einen Besuchsantrag für sie gestellt. Nochmals zwei Wochen später besuchte sie mich in Begleitung einer Freundin. Sie war in Natur noch tausendmal hübscher als auf dem Foto, sie machte mir echt Lust. Wir haben dann ein bisschen geredet und ihre Freundin ging nach etwa fünfzehn Minuten aus dem Besuchsraum, sie wollte uns alleine lassen, korrekt.

Karin saß mir gegenüber am Tisch, zwischen uns saß ein Beamter zur Überwachung der Gespräche. Kurzentschlossen langte ich rüber, schnappte mir das Mädel und setzte sie mir auf den Schoß. Der Grüne ist fast ausgeflippt: „Das ist verboten, keinen Körperkontakt, das geht nicht, Herr Müller“. Dem ist vor Aufregung fast seine dicke, rote Birne geplatzt. Dass die sich nicht schämen! Da sitzen zwei Verliebte und halten sich bei den Händen, tauschen liebe Worte, die man nur alle zwei Wochen zur Besuchszeit tauschen kann und da setzt sich dann so ein ungehobelter Bauer dazwischen und macht wichtige Sprüche. Ich setzte Karin wieder auf ihren Platz. Alles war wieder ganz entspannt.

Für das nächste Mal holte sie vom Gericht die Erlaubnis ein, dass wir uns im großen Besuchsraum sehen konnten, wo kein Beamter zwischen uns saß. Dort waren sechs oder mehr Tische mit jeweils vier Stühlen aufgestellt. Ein Beamter saß alleine an einem Tisch, von dem er den ganzen Raum einsehen konnte. Ich hatte in den letzten acht Monaten keinerlei Besuch gehabt, jetzt bekam ich ihn regelmäßig und dann noch von so einem Hammerteil. Ich schnitt die Tasche meiner Jogginghose innen auf und bat Karin, mir in die Tasche zu greifen. Da hatte sie direkt meinen Schwanz in der Hand. Auf diese Weise konnte sie mir beim Besuch immer den Schwanz bearbeiten. Einmal hat sie sogar einen Moment lang, mit dem Rücken zum Beamten, sodass er es nicht sehen konnte, meinen Schwanz geblasen.

Wir schrieben uns fast täglich. Ich schickte ihr viele Gedichte: lustige, traurige und auch versaute. Mit dem Schreiben der Reime konnte ich meinen Geist am Leben erhalten. In der Einöde des Haftalltages gerät man schnell in Gefahr abzustumpfen.

Samenkoller
Hab' letzte Nacht von Sex geträumt
Du hast erregt Dich aufgebäumt,
sind vor Geilheit fast ertrunken
als in die Arme uns gesunken,
wir haben tollen Sex genossen,
bis ich mich hab' in Dich ergossen,
als ich erwachte, bin erschrocken
meine Hose nicht mehr trocken,
hab nur geträumt von Deinem Schoße,
doch dieser Schuss ging in die Hose ...

Endlich wurde ich als Sportwart eingesetzt. Jetzt konnte ich jeden Tag trainieren, duschen, traf alle, die zum Sport angemeldet waren. Im Sommer 1993 wurden Hans, Diego und ich vom Landgericht Frankfurt am Main verhandelt. Hans bekam als Kronzeuge Bewährung, Diego und ich jeweils sechseinhalb Jahre.

Ich wurde nach Schwalmstadt in die dortige JVA verlegt, da hatte ich ja schon einmal Anfang der 80er ein paar Jährchen eingesessen. Ich hatte mich schnell dort eingelebt und teilte mir eine Zelle mit vier weiteren Gestrauchelten: ein Frankfurter Zuhälter, ein Räuber, ein Bordellbesitzer und ein Betrüger. Auf der Station gab es Küchen, dort konnte man sich während der Freizeit etwas kochen oder backen. Ich bekam weiterhin in Regelmäßigkeit Besuch von Karin. Die Post dauerte jetzt auch keine drei Tage mehr, sie wurde nicht mehr zensiert, sondern direkt zum Gefangenen gebracht und in dessen Beisein geöffnet. Es wurde nur nachgesehen, dass nichts geschmuggelt wurde.

Als eines Tages der Arbeitsplatz als Kirchenhausarbeiter frei wurde, habe ich mich gleich drum beworben und wie erhofft bekam ich den Job. Samstags wurden ab jetzt immer Blumen auf meine Zelle geliefert, die ich für den Sonntagsgottesdienst in der Kirche aufstellen sollte. Den ersten Strauß habe ich direkt mal auf der Zelle behalten und erst in der darauf folgenden Woche in der Kirche aufgestellt. So hatte ich wöchentlich frische Blumen. Ich musste außerdem die Kirche sauber halten. Ich konnte also zu jeder Zeit, wie ich gerade Bock hatte, meine Zelle aufschließen und mich zur Kirche führen lassen. Sonntags musste ich die Orgel aus einem verschlossenen Schrank holen, aufbauen und anschließen. Dann noch die Gesangsbücher auf den Stühlen verteilen, fertisch. Nach dem Gottesdienst musste ich alles wieder wegräumen, das war's. Es war ein cooler Job, der mir viele Wege frei machte. Ich hatte einen Arbeitsplatz, der zur Genehmigung eines Urlaubsantrages Voraussetzung war.

Oh, wie gerne würd' ich ficken,
statt hier im Loch durchs Gitter blicken.
Lieg' auf dem Bett und bin am Dösen,
vor meinen Augen tanzen Mösen,
nasse Fotzen – glatt rasiert,
oh, verflucht, was ist passiert?
Ach, wie sehr hab ich's genossen,
scheiße – jetzt bin weggeschlossen.
Ach, wie lieb ich Sauerei,
doch ich bin hier und gar nicht frei,
Mensch, es hat mich so gereizt,
wenn die Schenkel weit gespreizt

und die Dosen standen offen.
Ja verflucht, ich kann nur hoffen,
dass die Zeit hier schnell vergeht
und der Riemen mir noch steht,
möchte Mädels dann bespringen,
bis sie die Engel hören singen ...

Alle zwei Monate konnte ich einen „Langzeitbesuch" für vier Stunden beantragen. Der Besuch fand ohne Wärter statt, man wurde mit seinem Besuch, in meinem Fall war es ausschließlich Karin, in eine mit Sofa, Sessel, Tisch, einer kleinen Küchenzeile, Toilette und Waschbecken etwas wohnlicher gemachten Zelle eingeschlossen. Diese Besucherzelle lag im Trakt der Gefängnisleitung, ständig liefen dort Schließer vorbei, die es dann nicht lassen konnten, mit dem schweren Schlüssel an die Tür zu klopfen. Klar, diese Jungs wussten ganz genau, was sich jetzt im Besuchsraum abspielte. Trotzdem war das schon eine geile Sache, ich hatte ihn 18 Monate nicht reinstecken können.

Karin besuchte mich genau an meinem neununddreißigsten Geburtstag in Strapsen zum Langzeitbesuch, das war natürlich eine Hammer-Geburtstagsüberraschung. Nach vielen Monaten Haft endlich mal ungestört, na ja, fast ungestört, mit einem Mädel zusammen zu sein, dass hatte schon seinen besonderen Reiz.

Die Versuchung der Freiheit

Irgendwann hatte ich endlich meinen ersten „Ausgang": Ich durfte mit weiteren fünf Häftlingen, bewacht von drei Beamten, in ein etwa 20 km entferntes Hallenbad zum Schwimmen in die Freiheit. Ein VW-Bus der Justiz fuhr uns bis zum Ortsschild des Kaffs, in dem das Bad war. Dort stiegen wir aus und liefen zu Fuß bis zum Hallenbad. Die Leute sollten uns nicht im Justizbus ankommen sehen. Wir waren allesamt tätowiert, die meisten mehr, manche etwas weniger, die uns begleitenden Beamten gar nicht. Alle hatten wir die gleiche Badehose an, – außer den Beamten, die uns immerzu vor den Augen der anwesenden Badegäste im Blick behielten. Diese hatten uns dann auch ständig im Auge und es war echt ganz schön peinlich. Aber ohne solche Ausgänge gab es keine Chance auf weitere „Vollzugslockerungen", wie man das in den Justizkreisen nennt.

Nach zwei solchen bewachten Ausgängen durfte ich von Karin an der Pforte zu einem sechsstündigen Ausgang abgeholt werden. Erst gingen wir irgendwo essen, dann verdrückten wir uns in ihr angemietetes Hotelzimmer. Dort hatten wir unseren Spaß, ihr wisst Bescheid!

Einige Monate später, nachdem weitere Ausgänge ohne Probleme und Zeitüberschreitung stattgefunden hatten, schrieb ich den ersten Urlaubsantrag. Zu Ostern 1994 durfte ich den ersten Urlaub antreten, vier Tage ohne Gitter, Schlüsselgerassel, hohe Mauern, Gefängniskleidung und Knastalltag, das war ein geiles Gefühl.

Die Freiheit ist das höchste Gut, sie zu verlieren tut sehr weh, sie zu vermissen ist schlimmer als der schlimmste Liebeskummer. Im Knast ist man nur noch eine Nummer ohne Namen. Ich hatte mein Leben immer selbst in der Hand – im Knast ist man ständig fremdbestimmt und von den Launen anderer abhängig. Damit muss man erstmal klarkommen.

Na ja, ich war also wieder draußen und mit der Bahn Richtung Frankfurt/Hauptbahnhof unterwegs. Karin musste arbeiten bis zum Nachmittag und so konnte ich ein paar Leute treffen. Roman, ein Kumpel, holte mich vom Bahnhof ab und wir düsten erst mal Richtung Stefan, um ihn zu besuchen. Roman hatte ein Tütchen Kokain im Handschuhfach und noch im Auto zogen wir uns ein paar Linien davon rein – ich Idiot, hätte ich das mal gelassen!

Bei Stefan angekommen machten wir mit Wodka weiter, plauderten etwas und verabredeten uns für den nächsten Tag mit unseren Mädels auf der Frankfurter Dippemess – ich Idiot, hätte ich das mal nur gelassen!

Aber zunächst fuhr mich Roman zu Karins Wohnung. Als sie endlich von der Arbeit kam, gingen wir schick aus und ich steckte ihr einen echt teuren Verlobungsring an den Finger. Wir waren beide sehr happy.

Am nächsten Tag schliefen wir bis in die Puppen und frühstückten dann gemütlich. Am späten Nachmittag trafen wir uns mit Roman, Stefan, Bernd und deren Mädels am Eingang der Dippemess. Es fing alles ganz lustig an, bis wir am Schwarzwaldhäuschen hängen blieben. Dort floss der Alkohol in Strömen und wir Männer waren irgendwann total neben der Spur.

Karin hatte sich die Tage mit mir ganz anders vorgestellt – im Nachhinein ist mir das klar – aber ich war nach über zwei Jahren das erste Mal in Freiheit und bin etwas ausgeflippt. Am nächsten Tag waren wir bei Karins Eltern zum Essen eingeladen. Ich hatte einen dicken Schädel und sagte Karin, sie solle doch alleine zu ihren Eltern gehen, ich hätte keinen Bock. Ich denke, das war der Zeitpunkt, ab dem dann Karin keinen Bock mehr auf mich hatte.

Im nächsten Brief, der mich in Schwalmstadt nach meiner Rückkehr aus dem Urlaub erreichte, teilte sie mir die Beendigung unserer Beziehung mit und löste die Verlobung auf. Das war für mich ein harter Schlag, denn ich war wirklich verliebt. Ich war aber selbst schuld an diesem Elend, ich hatte mich ja beschissen verhalten.

Der nächste Hafturlaub kam erst ein paar Monate später. Kein Mädel wartete auf mich, dafür aber böse Briefe von der Bank wegen der Wohnung in Fischbach. Ich traf mich mit meinem Schwager und ließ mich über den Stand der Dinge informieren. Bei meiner Verhaftung hatte ich ihn gebeten, die Wohnung voll eingerichtet an Hostessen des horizontalen Gewerbes zu vermieten. Die Damen hätten dafür sicherlich sehr gerne 5 bis 6.000 Mark Miete bezahlt. Aber mein Schwager, dem die Wohnung auf dem Papier gehörte, und meine Noch-Ehefrau hatten offensichtlich andere Vorstellungen gehabt. Gemeinsam hatten sie die Wohnung geräumt, die Einrichtung verkauft und stellenweise sogar verschenkt. Da hatte sich der Makler mal gerade den an der Wand hängenden, 6.000 Mark teuren Gobelin gepackt und mitgenommen. Im Esszimmer eines Bekannten standen nun meine Möbel, auf dem Boden lagen meine Teppiche. All das hatte ihm meine Fast-Ex ganz günstig verkauft! Sie hatten dann die Wohnung zur Miete angeboten – an seriöse Mieter, wie sie sagten.

Aber es kam noch schlimmer: Die Wohnung war seit nun zehn Monaten an einen bekannten Ex-Europameister im Boxen vermietet. Das Problem war, dass er noch keine Mark Miete bezahlt hatte. Ich fuhr mit Roman zur Wohnung nach Fischbach, um mit dem Mieter ein paar Worte zu wechseln. Ich klingelte einige Male, doch es war niemand zuhause. Ich rief einen Schlosser an, der die Schlösser auswechselte. Meinem Schwager sagte ich, wenn der Boxer sich melde, dann solle er mich anrufen, ich käme dann, um mit ihm zu reden. Am nächsten Morgen war es so weit, mein Schwager rief an, der Boxer sei bei ihm, er könne nicht in seine Wohnung, er sei außer sich.

Als ich kam, saß der Boxer auf einem Stuhl und moserte rum, er müsse in die Wohnung, dort sei Medizin, die seine Ehefrau dringend brauche und bla bla bla.

„Hör' mal zu, du Vogel", sprach ich ihn an, „ich bin der Karate-Peter, vielleicht ist dir dieser Name ein Begriff. Du wohnst seit zehn Monaten in meiner Wohnung, ohne eine Mark Miete bezahlt zu haben, ich sitze im Knast und bekomme Probleme mit der Bank wegen der Abzahlung dieser Wohnung. Du schuldest mir 25.000 Mark für die Miete, wann bringst du die Kohle?“

Er schaute mich geschockt an und murmelte, er ginge nach draußen, um die Polizei zu holen, das sei seine Wohnung bla bla bla.

„Pass auf Boxer, wenn du hier raus möchtest, musst du an mir vorbei, wenn du mir auch nur in die Nähe kommst, dann haue ich dich direkt um, geht das in deinen Kopp? Wann schiebst du deine Mietschulden rüber?“ So langsam verlor ich die Geduld.

Er war dann plötzlich gesprächsbereiter. Sein Bruder würde ihm 20.000 Mark vorstrecken, er würde sich darum kümmern und sich gleich wieder melden.

„O. K., dann bring die Kohlen vorbei und räume anschließend direkt die Wohnung, dort kannst du nicht mehr bleiben.“

Als der Hafturlaub beendet war, gab ich meinem Schwager die Schlüssel zur Wohnung und bat ihn, den Boxer die Wohnung erst nach Erhalt der Kohle räumen zu lassen. Bei meinem nächsten Hafturlaub musste ich jedoch feststellen, dass mein Schwager mal wieder zu gutgläubig gewesen war. Er hatte dem Boxer erlaubt, seine Möbel aus der Wohnung zu holen ohne vorher das Geld zu zahlen. Wir sahen dann natürlich keinen Pfennig mehr.

Mich regte das alles tierisch auf. Obwohl ich selbst das Geld für die Wohnung und die Einrichtung nicht eben durch harte Arbeit verdient hatte und auch, wenn ich viele Tausender verjubelt hatte, nahm ich es dennoch persönlich, wenn mich einer bescheißen wollte. Da war mir jede Mark Gold wert.

Aber wenigstens war die Wohnung jetzt wieder frei und ich nahm die Dinge in die Hand. Ich besprach mit Roman meine Idee, dort Mädels anschaffen zu lassen. Er fand die Idee gut und brachte eines seiner Mädels gleich dort zum Einsatz. Ich selbst wollte nur die entsprechende Miete haben.

Leider lief das alles aber gar nicht so, wie ich es mir erhofft hatte. Die Mietzahlungen kamen unregelmäßig und auch in unterschiedlicher Höhe. „Scheiße aber auch", dachte ich mir, „noch etwa zwei Monate, bis ich in den offenen Vollzug nach Frankfurt komme, da hätte ich mehr Einfluss nehmen können als von Schwalmstadt aus."

Die Banken hatten keinen Bock mehr, auf die monatlichen Raten für die Wohnung zu warten, es kam eben nicht genug Kohle rein. Am Ende wurde die Wohnung versteigert und ich verlor mal gerade auf die Schnelle knapp 200.000 schon bezahlte Mark.

Im August 1995 wurde ich ins Gustav-Radbruch-Haus nach Frankfurt am Main in den offenen Vollzug verlegt und dort zu einer 18-monatigen Innenfunktion eingeteilt. In dieser Zeit musste man einer Arbeit innerhalb der Vollzugsanstalt nachgehen. Ich durfte wöchentlich 21 Stunden raus und mir diese selbst einteilen. Täglich drei Stunden oder halt eben, wie ich wollte. Alle zwei Wochen durfte ich von samstags 10 Uhr bis sonntags 22 Uhr auf Urlaub raus.

Ich war als Spengler im Werksbetrieb eingeteilt. Die dortige Werkstatt teilten wir uns mit den Elektrikern. Mit einem Spengler- oder Elektromeister mussten wir immer dann in das Asbest verseuchte Betonhochhaus, in dem bis zu 1.000 Untersuchungshäftlinge eingesperrt waren, wenn irgendwo ein Scheißhaus verstopft oder zertrümmert worden war oder wenn eine Lampe nicht mehr brannte. Es war ein ruhiger Job, die meiste Zeit saßen wir in der Werkstatt und spielten Rommé.

Eines Nachmittags ging ich auf Ausgang zum Friseur und anschließend in *Tina's Erdnüsschen*, einer In-Kneipe in Sachsenhausen. Dort arbeitete eine ganz liebe Blondine, wir kannten uns vom Sehen. Ich plauderte mit ihr über dieses und jenes, dass ich gerade eine schlechte Zeit hätte und der Knast mir auf die Nüsse gehen würde. Sabine gefiel mir und so besuchte ich sie ein paar Tage später wieder. Als ich mich an diesem Tag von ihr verabschiedete, um wieder in den Scheiß-Knast zu gehen, gab sie mir einen selbst gebackenen Kuchen mit – die Kleine war heisssss auf mich! Ich war dann öfters im *Erdnüsschen*, wenn sie Dienst hatte und so kamen wir uns näher.

Als ich dann wieder Wochenendurlaub hatte, kamen wir uns richtig nahe und waren ab dann zusammen. Sie war ein echt anständiges, fleißiges und liebes Mädel. Sie arbeitete tagsüber in einem edlen Feinkostgeschäft und holte mich nach Feierabend vom Knast zum Ausgang ab. Anschließend fuhr sie mich wieder zum Bau.

Ich hatte derzeit keinen Führerschein: Er war mir 1989 für ein Jahr wegen Alkohol am Steuer entzogen worden. Mich scherte das wenig, ich fuhr auch ohne Lappen. Bei einer Verkehrskontrolle ohrfeigte ich einen Polizisten, weil ich blasen sollte und so konnte ich die Führerscheinprüfung erst wieder 1995 nach dem „Idiotentest“ machen. Ich bestand den Test gleich beim ersten Anlauf und meldete mich zum Erwerb eines Führerscheines bei einer Fahrschule an. Ende Oktober 1995 hatte ich meinen Lappen wieder und kaufte mir einen alten, olivgrünen VW Golf. Endlich war ich wieder mobil, ein kleines Stückchen Freiheit mehr.

Während meines Knastaufenthaltes schrieb ich immer wieder Gedichte oder ich bastelte ausgefallene Gruß- und Glückwunschkarten, die ich mit dazu passenden Gedichten veredelte.

Ein Freund, dem ich einige Kartenmuster zeigte, riet mir, mich mit der Firma *Horn – die gute Karte* in Verbindung zu setzen, vielleicht hätte sie Interesse an meinen Mustern. Gesagt getan, ich rief an und bekam auch gleich einen Gesprächstermin ein paar Tage später. Nachdem ich der Geschäftsleitung meine Kartenentwürfe vorgelegt hatte, bot man mir pro Entwurf 1.000 Mark an. Ich wollte in meiner damaligen Arroganz eine Beteiligung am Verkauf der von mir entworfenen Karten. Auf alle Fälle war ich mal wieder ein Idiot und lehnte die Zusammenarbeit ab.

Knastgedichte

Durch einen Freund hatte ich einen Wiesbadener Rechtsanwalt kennengelernt. Wir kamen irgendwie ins Gespräch über Gedichte und Verse. Da ich zu diesem Zeitpunkt schon 500 oder 600 Gedichte verfasst hatte, stellte ich ihm einige meiner Werke mündlich vor. Er war begeistert. Woraufhin ich ihm ein paar Tage später auch die im Knast entstandenen Gedichte zeigte.

Der Rechtsanwalt machte mir das Angebot, einen Erstdruck mit einer Auflage von 3.000 Exemplaren vorzufinanzieren. Er würde sich auch um die Vermarktung kümmern, er hätte die erforderlichen Kontakte. Das war schon ein geiles Gefühl, als ich das erste Exemplar in den Händen hielt, wer hat denn schon ein Buch geschrieben? Das hat mich sehr stolz gemacht.

Mit der Vermarktung ging es dann leider in die Hose, der Anwalt und ich zerstritten uns, und da stand ich nun mit 3.000 Gedichtbänden.

Wie so oft habe ich die Sache dann selbst in die Hand genommen und etwa zehn verschiedene, renommierte Verlage angeschrieben und auch direkt einen Gedichtband zur Einsicht mitgeschickt.

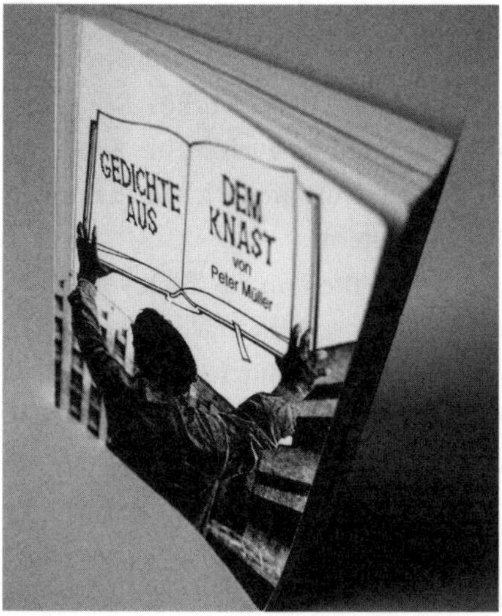

In meiner Arroganz dachte ich, die Verlage würden sich um das Buch reißen und ich könnte mir das beste Angebot aussuchen. Weit gefehlt – mich erreichten nur Absagen. Es passe derzeit nicht ins Programm.

Ich war noch immer innerhalb des Knastes beschäftigt, war ja auch ein cooler Job. Mit Arbeit außerhalb der Anstalt hätte ich mehr Stress gehabt. Man wird ständig kontrolliert und auch observiert, eine kleine Verfehlung und man ist wieder im geschlossenen Vollzug. Meine Schwester und ihr Mann bauten damals ihr Haus um, und ich nutzte meine Ausgänge und Urlaube vom Knast, um die Heiz- und Wasserleitungen sowie die Dachrinnen zu verlegen. Es war mein erlernter Beruf und ich war stolz, nix verlernt zu haben.

Im Frühjahr 1996 verlobte ich mich mit Sabine, dem Mädel aus *Tina's Erdnüsschen*. Wir waren der Meinung, zusammenzugehören. Alles lief eigentlich ganz gut, doch dann starb mein Vater im Alter von nur 70 Jahren an Krebs. Sabine und ich waren am Vortag kurz bei ihm zu Besuch gewesen und für den nächsten Tag zum Kaffee verabredet. In der Mittagszeit rief mich meine Schwester Angelika an und sagte mir, ich solle gleich nach Hause zu Papa kommen, ich solle aber langsam fahren. Ihre Stimme hörte sich anders an als sonst. Sabine und ich machten uns gleich auf den Weg, ich hatte eine Vorahnung. Zuhause angekommen betrat ich mein Elternhaus. In der Küche saßen meine Mutter, mein Onkel, meine Tante und auch meine Schwester Angelika. Alle weinten. Ohne ein Wort drehte ich mich um und ging ins Schlafzimmer meiner Eltern.

Da lag er, mein Vater. Man hatte ihm ein Tuch vom Kinn über den Kopf gebunden, damit der Mund nicht offen stehen blieb. Mein Vater war tot! Ich bin fast durchgedreht, niemals zuvor hatte ich solch seelische Schmerzen verspürt.

Mein Vater war ein cooler Mann, gelernter Drehermeister und bis zur Rente als Speditionsleiter beschäftigt gewesen. Er hatte ein Haus gebaut, seine Familie mit drei Kindern ernährt und seit den 50er-Jahren immer ein Auto gefahren. Anders als eine meiner Tanten und zwei Onkel hat er mich nie fallenlassen, obwohl er gewiss nicht stolz auf meine Verfehlungen war. Auch meine Mutter und meine Schwestern haben mich nie hängenlassen oder verstoßen. Sie haben mein ganzes Leben lang zu mir gehalten. Dafür bin ich ihnen unendlich dankbar.

Mein Vater fehlt mir noch heute. Ich erinnere mich noch gerne an ihn und dann kommt die Trauer darüber, dass er nicht mehr da ist. Aber er wird immer tief in meinem Herzen bleiben.

Wieder draußen – nach dem Deal ist vor dem Deal

Am 17. April 1997 wurde ich mit vierjähriger Bewährungszeit nach zwei Dritteln Verbüßung der Haftstrafe entlassen. Ich zog zu meiner Verlobten und wollte ein rechtschaffenes Leben beginnen. Der Tod meines Vaters und auch die Beziehung zu Sabine hatten mich darin bestärkt. Ich fühlte mich frei und voller Tatendrang.

Kurz darauf rief mich allerdings ein Ex-Kollege aus dem Knast an, er wolle mich unbedingt treffen. Er habe im Urlaub in der Dominikanischen Republik ein Mädel kennengelernt, das er nun öfters besuchen wolle. Er könne Kokain aus der Dom. Rep. für 25.000 Mark das Kilo besorgen, ihm fehle allerdings die Kohle für dieses Unternehmen.

Ich wollte eigentlich meine Finger aus solchen Geschäften raushalten, aber das Angebot war echt sehr verlockend. Nach dem Tod meines Vaters hatte ich 50.000 Mark im vorab auf mein Erbe ausgezahlt bekommen. Finanziell war das Projekt für mich also kein Problem, doch einfach so 25.000 Mark aus den Händen zu geben, war mir doch ein zu großes Wagnis.

Ich sprach einen engen Bekannten an, der mit unserem Schleuser in die Dom. Rep. flog, um den Kauf der Ware sowie die Reise unserer Kohle zu beaufsichtigen. Die Reise wurde ohne besondere Vorkommnisse absolviert, es wurden beim ersten Mal 2 Kilo Kokain geschleust, je eines für meinen Bekannten und mich, der Schleuser war schon in der Bezahlung drin. Ich hatte ein paar Leute, denen ich die Ware direkt weiterleitete, und verdiente zwischen 35 und 40.000 Mark an einem Kilo. Alle vier Wochen wurde so ein Trip mit jeweils vier Kilo Kokain gestartet, jeweils 2 Kilo für meinen Geschäftspartner und mich, mein Monatsverdienst belief sich auf fast 80.000 Mark. Ich war wieder gut im Geschäft.

Überhaupt ist es das verdammte Geld, was einem immer wieder lockt und rückfällig werden lässt. Wer einmal die schnelle Mark gemacht hat, der kommt nicht mehr so einfach davon los. Es ist fast wie bei einem spielsüchtigen – er mag noch so viel verloren haben, es zieht ihn immer wieder ins Kasino. Ich erfüllte mir einen lang gehegten Traum: Ich machte den Motorradführerschein und kaufte mir eine 1.500er Suzuki Intruder. Motorradfahren ist einfach geil, man fühlt sich so richtig frei, wenn man durch die Gegend düst.

Leider hatte ich mit Sabine ständig Streitereien. Ihr missfiel mein Rückfall in den Drogenhandel natürlich, ohne dass sie genau wusste, was ablief. Dazu war sie permanent eifersüchtig, ohne dass es einen wirklichen Grund gab. Sie vermutete, dass ich neben dem Drogenhandel auch wieder einige Mädels laufen hätte. Damit hatte ich definitiv nichts mehr am Hut, aber ihre Eifersucht war schon fast krankhaft. Na ja, bis zur Trennung dauerte es dann nicht mehr lange. Wieder war eine Beziehung in die Brüche gegangen.

Ich zog in eine Einzimmerwohnung im Haus meiner Schwester Angelika und ihres Mannes Claus. Ich trainierte schon seit meiner Haftentlassung in einem Sportstudio vier- bis fünfmal wöchentlich, jeweils zwei Stunden. Dort begegnete ich netten Leuten, mit denen ich mich dann auch mal außerhalb der Trainingszeiten traf.

Zum Museumsuferfest findet traditionell das Drachenbootrennen statt, dort nahmen wir als Sportstudio teil. Es war echt eine Gaudi und wir belegten den dritten Platz. Im Boot waren 20 Leute aus verschiedenen Gesellschaftskreisen, das war schon echt geil! Da saß der Puffbesitzer neben dem Kripobeamten in einem Boot, der Autoschlosser neben dem Zahnarzt. Auf alle Fälle haben wir gemeinsam an einem Strang gezogen, was ja auch das Endresultat ganz deutlich zeigt.

Am Frankfurter Römer gab es eine Kneipe, die ich öfters besuchte, weil dort ein Mädel hinterm Tresen stand, das mir sehr gut gefiel. Sie war gebürtige Kroatin – irgendwie stehe ich auf Kroatinnen. Ich lud sie zum Motorradfahren ein, wobei wir uns natürlich näher kamen. Wir buchten einen ersten gemeinsamen Urlaub auf Barbados. Das waren zwei coole Wochen, gut gespeist, das Feinste getrunken und schön gefeiert. Ich hatte einen Jeep für die Urlaubszeit gemietet, und so konnten wir vormittags zum Trainieren ins Studio fahren oder auch Ausflüge über die Insel machen. Wir gönnten uns jeden Spaß und haben die vierzehn Tage richtig genossen. Nach unserer Rückkehr gingen wir wieder getrennte Wege. Sie flog nach Kroatien, um ihren Vater zu besuchen, und ich ging meinen Geschäften nach. Sie war für mich ein schöner Urlaubsflirt mehr nicht.

Ibiza by Bike

Lars, ein Sportskollege, der mit mir im gleichen Studio trainierte, fragte mich, ob ich Bock hätte, mit ihm und einigen seiner Kumpels mit den Motorrädern zur Bike Week nach Ibiza zu fahren. Ich sagte ihm zu und fuhr am vereinbarten Tag zur ausgemachten Zeit zum Treffpunkt. Von Lars war weit und breit nix zu sehen. Kein Wunder. Wie ich später hörte, lag er breit zuhause im Bett. Er hatte in der Nacht zu lange gefeiert.

Nach und nach trafen immer mehr Biker am Treffpunkt ein, alles „Bones-Rocker“ – davon hatte mir Lars nichts gesagt, der Irre. Die Bones und ich, wir waren zu diesem Zeitpunkt nicht gerade die besten Freunde. „Na ja, was soll's“, dachte ich mir und bin mit den Jungs losgefahren.

Wir waren etwa zwanzig Motorräder, und ein Jeep mit Anhänger fuhr mit Reisetaschen, Werkzeug und Ersatzteilen hinter uns her. Die Fahrt endete zunächst knapp zwanzig Kilometer hinter Frankfurt, das erste Bike hatte einen nicht direkt reparablen Motorschaden und wurde auf den Anhänger verfrachtet. Skurril fand ich den Polizeihubschrauber, der uns ein langes Stück des Weges von der Luft aus beobachtete – welch ein Schwachsinn!

In Frankreich konnte die defekte Harley repariert werden und es ging endlich weiter. Alle fuhren Harley – außer mir. Ich fuhr meine Suzuki, hin und zurück, – und komplett ohne Panne.

An der Fähre in Barcelona warteten schon hunderte Biker, die alle zur Bike Week rüber nach Ibiza wollten. Wir erreichten die Insel am nächsten Morgen und fuhren zu einer deutschen Bar im Jachthafen. Dort wurden wir von einem deutschen Autohändler und Bordellbesitzer, der in Ibiza ein Anwesen besaß und die meiste Zeit im Sommer dort verbrachte, abgeholt. Er lud uns zum Frühstück in sein Haus ein. Es war ein riesiges Anwesen mit drei Ebenen, auf jeder befand sich ein Pool im Außenbereich.

Dort lagen überall süße Mädels nur mit einem Höschen bekleidet rum, die sich in der Sonne aalten. Unser Gastgeber nahm ein Megafon zur Hand und rief ihnen zu, er hätte was zum Ficken mitgebracht. Das war natürlich genau nach unserem Geschmack. Wir frühstückten, alberten ein bisschen mit den Mädels rum und fuhren dann zu unserem angemieteten Haus am höchsten Berg Ibizas.

Was für eine Bude! 20 Zimmer mit Marmorbädern, ein riesiger überdachter Pool, ein Whirlpool, eine Bar und ein faszinierender Blick auf Ibiza-Stadt. Wir hatten auch ein spanisches Hausmädchen, aber nur einen Tag lang, sie hatte Panik vor so vielen Männern. Wir haben dann eine Hausparty geschmissen und ich lernte die Biker-Jungs alle mal so richtig kennen. Die waren total in Ordnung, ich würde jederzeit mit den Jungs wieder eine Fahrt machen, es hat richtig Spaß gemacht.

An einem Abend lernte ich eine deutsche Bikerin kennen und lud sie ein, mit mir zu unserem Haus zu fahren. Wir waren vom Alkohol schon ein wenig angeschossen, sie saß hinter mir und ich hatte eine Hand am Gashebel, die andere bearbeitete ihre Muschi unter ihrem Höschen. Zum Haus ging es über einen Schotterweg durch enge Kurven. Eine solche erwischte ich nicht richtig und die Maschine kippte um.

Gott sei Dank war nichts passiert: Nur das vordere Schutzblech war verbeult. Es war zum Brüllen, wie wir beide dalagen, mein Finger steckte noch immer in ihrer Muschi. Wir haben Tränen gelacht. Im Haus haben wir dann noch Party gemacht und uns genossen.

Es waren auch einige Freunde der *Adlerfront*, einem Hooligan-Fanclub der Frankfurter Eintracht, auf Ibiza im Urlaub. Ich traf einige am Strand, sie hatten Mädels dabei. Ein Mädel fragte mich dann, ob ich sie mal mit dem Bike zum Auto fahren könne, sie hätte was vergessen und keinen Bock zu laufen. Kein Problem, habe die süße Maus mal schnell zum Auto und zurückgefahren. Ach, was wäre Motorradfahren doch für ein Spaß, das würde ihr aber echt gut gefallen. Na ja, habe das Mädel für den nächsten Tag zu einer Inseltour eingeladen. Wir trafen uns am nächsten Morgen zum Frühstück in einem Café und fuhren anschließend ein bisschen über die Insel. Wir schwammen im Meer und aßen dann eine Kleinigkeit. War echt ein schöner Tag. Laura, so hieß die Maus, war wirklich ganz süß.

Am Abend fuhren wir gemeinsam mit ein paar Freunden ins *Café del Mar*, das ist der angesagteste Platz auf Ibiza. Dort gibt es den schönsten Sonnenuntergang zu sehen. Das *Café del Mar* liegt direkt am Strand, man sitzt auf der Terrasse und schaut auf den schier endlos entfernten Horizont und all das andere rundherum. Dort machen Gaukler und Feuerspucker am Strand ihre Vorführungen, die Stimmung ist Romantik pur. Laura und ich küssten uns in dieser Atmosphäre zum ersten Mal. Das war es aber auch, weiter ließ sie nichts zu, ein wenig fummeln war noch O. K., mehr war nicht drin.

Meine Motorradfreunde machten sich auf die Heimreise. Ich blieb mit zwei Kumpels – Peter und Fips, der eigentlich auch Peter hieß (also am End' hießen wir alle Peter) – noch ein paar Tage länger auf der Insel. Wir sonnten uns am Strand, abends ging es in die Altstadt. War echt geil, was da so abging: Verkleidete Animateure liefen durch die Gassen und luden zu Partys in die jeweiligen Diskotheken ein. Echt abgefahren, was man da alles an Skurrilitäten zu sehen bekam.

Ferry, ein sehr guter Freund und alter Frankfurter, der schon seit vielen Jahren auf Ibiza lebte, lud uns zur Bootsfahrt nach Formentera ein. Dort speisten wir vom Feinsten: fangfrischer Fisch, Oliven, Brot und Sangria – zum Niederknien.

Die paar Tage Urlaubsverlängerung waren ganz schnell um. Laura wohnte nahe an Frankfurt und so verabredeten wir ein Treffen in der Heimat.

Die Rückfahrt war total der Burner, von Barcelona bis nach Frankfurt regnete es in einer Tour. Ich kam völlig durchnässt und durchgeschüttelt zuhause an, duschte mich schön heiß und rief direkt Laura an. Sie holte mich dann ab und wir fuhren zu ihrer Wohnung. Endlich hatten wir den ersten gemeinsamen Sex und waren danach fast vier Monate zusammen. Sie arbeitete während der Woche als Hostess in München und kam nur an den Wochenenden nach Hause.

Während des Urlaubes hatten meine Geschäfte geruht, aber nach meiner Rückkehr starteten wir wieder durch. Es lief alles recht ordentlich. Ich hielt immer schön den Ball flach, um nicht aufzufallen. Warf nicht mit Kohle um mich und war in meinem Umfeld sehr bescheiden. Wenn man Geschäfte dieser Art betreibt, dann sollte man sich stets etwas zurückhalten, um jedes Auffallen zu vermeiden. Das hatte ich inzwischen gelernt. Ich fuhr keinen dicken Schlitten, trug keine fetten Klunker, nichts dergleichen. Das sah aber leider nicht jeder so und einer meiner Partner schlug gehörig über die Stränge. Ich bekam die Information, dass die Kripo ihn im Visier hatte, und stoppte sofort alle Aktivitäten. Wir vereinbarten, etwas Ruhe einkehren zu lassen und erst nach Absprache wieder die Geschäfte zu tätigen. Er hielt sich leider nicht an unsere Vereinbarung und flog mit seinem Mädel in die Dom. Rep., um einzukaufen. Sie wurden dann beide am Flughafen mit zwei Kilo Kokain am Körper verhaftet und mussten eine Gefängnisstrafe in der Dominikanischen Republik absitzen.

Damit war klar, dass die Drogenfahndung nun auch wieder hinter mir her war. Ich mußte davon ausgehen, dass mein und auch Lauras Handy abgehört wurden, meine Wohnung wurde überwacht, das war kein Spaß.

Ich trennte mich von Laura, da ich genug Stress mit der Schmiere hatte und ihr den ganzen Schlamassel ersparen wollte. Nach einiger Zeit beruhigte sich alles und mein Schlepper fand einen anderen Transportweg.

Wir hatten nun jemanden, der uns auf dem Seeweg die Ware einschleusen konnte. Das dauerte zwar manchmal zwei Monate und ich musste im Voraus bezahlen. Ich legte also die Kohle, 100.000 Mark in bar, auf den Tisch und erwartete die Ankunft der Ware. Auf alle Fälle ging der Deal schief und unser Seemann wanderte in Haft. Ich ahnte, dass uns die Fahnder dicht auf den Fersen waren. Trotz der verlorenen Kohle konnten wir aber noch froh sein, dass über uns die Falle noch nicht zugeschnappt war. Ich musste handeln – und zwar schnell. Ich kappte alle laufenden Geschäfte und Kontakte und verdealte von da an nie wieder Kokain.

Abgezockt

Ich hatte noch etwa 120.000 Mark auf der Kante und machte erst mal gar nichts. Zur Silvester '98/'99 war ich auf einer Party meines Sportstudios eingeladen. Mir war eigentlich nicht zum Feiern zumute, ich hatte schlechte Laune. Man bot mir Alkohol oder auch 'ne Nase an, ich hatte aber keinen Bock. Irgendwann schenkte ich mir einen Wodka-Apfelsaft ein, dann noch einen und noch einen – plötzlich war ich gut drauf.

Ich schaute mir die anwesenden Mädels an, um abzuleuchten, wer mit wem zusammen oder alleine da war. Mit Lars puderte ich mir die Nase und fragte ihn, wer die eine oder andere sei. Ich sprach dann Silke an, die laut Lars aus einer finanziell stattlich ausgerüsteten Familie stammte. Wir unterhielten uns angeregt und sie fuhr mich nach Hause, ich hatte selbst zu viel getrunken. Sie setzte mich vor meiner Wohnung ab und fuhr gleich nach Hause. Am Nachmittag klingelte es an meiner Wohnungstüre, ich öffnete und da stand Silke im Pelzmantel. Sie öffnete ihn gleich und gewährte mir den Einblick auf ihren nur mit Strapsen bekleideten Körper. Da konnte ich gar nicht anders, als sie mir zu schnappen.

Silke arbeitete selbstständig als Immobilienmaklerin, und es hatte den Anschein, dass sie dies erfolgreich tat. Sie hatte eine süße Tochter von 8 Jahren, mit der ich mich nach und nach auch gut verstand. Ich behielt meine kleine Einzimmerwohnung im Hause meiner Schwester, verbrachte aber die meiste Zeit in Silkes Wohnung.

Ein paar Wochen später, sah ich Silkes Briefkasten fast überquellen. Ich zog alle Briefe aus dem Kasten und sah sie durch: Es waren mehrere Schreiben vom Vermieter und vom Kinderhort ihrer Tochter dabei. Ich öffnete die Briefe, es waren Mahnungen über mehrere Monate Wohnungsmiete, Kinderhort, Autoleasing usw., die noch nicht bezahlt waren.

Als Silke abends nach Hause kam, sprach ich sie darauf an. Sie sagte, sie hätte im Moment Geldprobleme, die aber sehr bald bereinigt sein würden, da sie kurz vor dem Abschluss des Verkaufs einer Großimmobilie stünde. Ich bot an, ihr vorübergehend finanziell zu helfen, sie müsste mir das Geld aber auf alle Fälle zurückzahlen, wenn es ihr finanziell wieder besser ginge. Mir war es peinlich, dass ihre Tochter täglich in den Kinderhort gehen musste, für den ihre Mutter seit Monaten keine Beiträge gezahlt hatte. Auch wegen der Mietschulden und einiger anderer finanzieller Verpflichtungen half ich ihr mit etwa 40.000 Mark aus. Ich war überzeugt davon, dass sie mir die Kohle nach und nach zurückzahlen würde. Wir verstanden uns sehr gut, und mit ihrer Tochter zusammen waren wir wie eine kleine Familie. Nach sieben Monaten war unsere Beziehung am Ende, Silke hatte es nicht fertig gebracht, mir auch nur einen Teil ihrer Schulden zurückzuzahlen. Na ja, scheiß drauf, ich hatte in der Vergangenheit ja auch einige Mädels abgeloddelt, nun wurde ich halt mal über den Tisch gezogen und abgezockt. Wir haben uns dann getrennt und ich habe bis heute keinen Cent von ihr zurückbekommen.

Homegrow

Meine Ersparnisse gingen zur Neige. Ich musste mir etwas einfallen lassen, um wieder zu Kohle zu kommen. Eine Cannabis-Homegrow-Anlage sollte Abhilfe schaffen. In der Schweiz fand im April 1999 die Hanfmesse *CannaTrade* statt, wo ich mich mit zwei Bekannten über den Hanfanbau informieren wollte. Wir hatten ja keinerlei Erfahrung. Wir lernten einen Schweizer kennen, der selbst einen eigenen Anbau in der Schweiz betrieb. Er lud uns ein, seine Anlage zu besichtigen und gab uns die nötigen Tipps und Kontakte zum Erwerb der zum Hanfanbau benötigten Gerätschaften wie Lampen, Be- und Entwässerungssysteme, Düngemittel usw.

In der Nähe von Frankfurt hatten wir schon eine Halle klargemacht, in der wir die Anlage aufbauen wollten. Zunächst mussten wir in der Halle zwei geschlossene Räume von je 50 m^2 Grundfläche mit Kanthölzern und Spanplatten aufbauen. Diese beiden Räume verkleideten wir mit isolierenden Folien, die man aus dem Erste-Hilfe-Kasten kennt. In die Räume hängten wir je zwanzig 400-Watt-Lampen an die Decken. Durch die Folien konnte man die Anlage nicht vom Hubschrauber aus mit einer Wärmekamera orten. Vor jedem dieser beiden Räume stand ein 500-Liter-Fass, das mit den erforderlichen Düngemitteln bestückt für die Bewässerung der Pflänzchen sorgte. In den Räumen hatten wir jeweils vier etwa 50 cm hohe, 1 m breite und 6 m lange Tische aufgebaut. Dort stellten wir Blumenkästen mit einer Bestückung von je vier Pflänzchen drauf und verbanden jeden Kasten mit der Bewässerung. An die jeweiligen Tische hatten wir Regenrinnen zur Entwässerung angebracht, die das abfließende Wasser zur Wiederverarbeitung in ein Sammelbecken leiteten. Wir konnten natürlich mit der Anlage nicht ans normale Stromnetz gehen, der enorme Stromverbrauch würde auffallen und hätte unangenehme

Fragen und Nachforschungen mit sich führen können.

Mr. Big, der für die Materialbeschaffung zuständig war, kümmerte sich um das Problem und besorgte uns ein Stromaggregat – das Teil war rot wie ein Ferrari und hatte fast die gleichen Ausmaße. Mr. Big war unser Beschaffungskünstler. Unser Stromaggregat wurde mit Heizöl betrieben, hierfür war außerhalb der Halle ein Tank für etwa 3.000 Liter vorhanden. Wir legten Verbindungsleitungen aus Kupfer vom Heizöllager bis zum Aggregat, für das wir extra in der Halle einen schalldichten Raum gebaut hatten. Auf dem Dach des Raumes waren zehn miteinander verbundene Ölfässer angebracht, die dem Aggregat den Treibstoff zur Stromerzeugung lieferten. Für den Aufbau der Anlage schufteten wir etwa sechs Wochen täglich. Meistens waren wir zu dritt oder zu viert, Mr. Big machte alle Besorgungen, Essen holen, mehrmals am Tag Material im Baumarkt besorgen, er war ständig unterwegs. Er besorgte uns dann auch 1.000 Cannabispflanzen direkt aus Holland. Der Typ war echt abgebrüht, fuhr ganz cool mit 1.000 Hanfpflanzen an Bord von Holland bis zur Halle.

Die Lieferung kam in der Mittagszeit, wir arbeiteten bis zum frühen Morgen, bis wir endlich die Anlage in Betrieb nehmen und starten konnten. Zur Betreuung der Anlage hatten wir einen Spezialisten aus Karlsruhe angeworben. Der Aufbau einer Grow-Anlage ist die eine Seite, das Betreiben der Anlage und die Betreuung der Pflanzen eine ganz andere. Da spielten der PH-Wert des Wassers, verschiedene Düngemittel, Licht/Dunkel und Düngezeiten eine große Rolle. Das war eine tolle Sache und ich habe viel über Botanik usw. gelernt.

Auch privat hatte ich endlich mal wieder Zeit für mich selbst und bin zweimal in der Woche zum Entspannen in die Sauna gegangen. Immer mittwochs saunierte dort eine ganz süße Maus, die mir richtig gefiel. Ich musste ein paar Wochen auf die Gelegenheit warten, sie anzusprechen, aber irgendwann kam der Moment: Ich setzte mich zum Aufguss auf die zweite Stufe in der Sauna, sie auf die erste, genau vor mir. Beim Aufguss habe ich brutal geschwitzt. Ich beugte meinen Kopf nach vorne, sodass mein Schweiß auf ihren Rücken tropfte. Sie dreht ihr Köpfchen zu mir und sagt: „Hey, mehr nicht!"

Ich nutzte die Gelegenheit, wischte ihr den Schweiß vom Rücken und lud sie als Entschädigung zu einem Kaffee ins Bistro ein. Wir unterhielten uns über alles Mögliche und Blazenka gefiel mir immer besser. Wir tauschten unsere Telefonnummern aus, bevor wir uns verabschiedeten.

Gleich am selben Abend telefonierten wir lange und verabredeten uns für den nächsten Tag zum Mittagessen. Sie arbeitete als Augen Optikerin in der Innenstadt. Als ich sie dort abholte, schauten ihre Kollegen, als sei ich von einem anderen Stern, denn ich betrat das Geschäft, ortete Blazenka hinter einer Verkaufstheke, trat zu ihr hin und küsste sie direkt auf den Mund. Das waren diese Leute dort wohl nicht gewohnt, na ja, mir hat es gut gefallen, Blazenka anscheinend auch, denn sie erwiderte meinen Kuss.

Wir gingen zu einem italienischen Restaurant in der Nähe. Während des Essens und einem guten Glas Wein für mich – sie trank keinen Alkohol – unterhielten wir uns und verabredeten uns für den übernächsten Tag. Ich brachte sie wieder zu ihrer Arbeitsstelle und fuhr in die Halle, um nach den Pflänzchen zu sehen. Auf der Fahrt dahin kamen mir zum ersten Mal Zweifel. Auf der einen Seite hatte ich meine Finger in illegalen Geschäften, auf der anderen war eine ganz süße, solide Frau, die ich gerne an meiner Seite haben wollte. Ich wusste, sie würde meine Geschäfte nicht gutheißen. Ich verdrängte den Gedanken und beschloss, zunächst einmal alles für mich zu behalten.

Die Pflänzchen gediehen gut, es war September 1999, etwa vier Wochen vor der Ernte. Wir hatten ständig irgendwelche

Bauarbeiten zu erledigen: Ein eigener Aufzuchtraum für Mutterpflanzen musste gebaut werden. Von den Mutterpflanzen konnten wir selbst Ableger ziehen. Auch einen speziellen Trockenraum, in dem die abgeernteten Pflanzen kopfüber auf Leinen hingen, hatten wir inzwischen fertiggestellt.

Anfang Oktober konnten wir endlich ernten und die Pflanzen, nachdem wir die großen Blätter gerupft und die kleinen mit der Schere abgeschnitten hatten, für fünf Wochen in den Trockenraum hängen. Damit war die Arbeit aber nicht beendet, die Anlage musste auf die neue Pflanzung vorbereitet werden. Jetzt trat auch wieder Mr. Big, unser Beschaffungskünstler, auf den Plan. Er besorgte, wieder aus Holland, 1.000 neue Pflänzchen. Mit an Bord hatte er seine Ehefrau und seinen kleinen Sohn, so sah der Holland-Trip wie ein Familienausflug aus, der Typ war echt total abgebrüht. Die Mutterpflanzen in unserem Aufzuchtraum waren noch nicht so weit, aber ab der nächsten Ernte hätten wir dann die Eigenversorgung mit Jungpflanzen sicherstellen können.

Blazenka und ich waren in der Zwischenzeit fest zusammen. Entweder ich übernachtete bei ihr oder eben sie bei mir, auf alle Fälle waren wir zusammengewachsen. Dennoch war sie noch immer nicht im Bilde, welcher Tätigkeit ich nachging, sie fragte nicht danach und ich sprach nicht darüber.

Im November waren die Cannabispflanzen getrocknet, wir konnten die Pflanzenstiele von den Röschen trennen und das Gras in Kilotüten verpacken. Die erste Ernte brachte etwa 30 Kilo, eigentlich ganz zufriedenstellend. Die Ware war schnell vertickt, wir hatten zwei Großeinkäufer und mussten nicht hausieren gehen. Außerdemwar da auch noch ein sehr bekannter deutscher Rapper, der sich gleich ein ganzes Kilo Gras von uns vermitteln lies. Vielleicht sind ihm einige seiner populären Songs, befruchtet durch den Genuss unseres Stoffes aus der Birne entsprungen, wer weiß.

Big Brother is watching you

Den Millenium-Jahreswechselverbrachte ich mit Blazenka, ihren beiden fast erwachsenen Söhnen und mit Freunden. Im Februar 2000 begann die erste Staffel *Big Brother*. Blazenka schaute sich den Scheiß jeden Tag an, mich kotzte das dümmliche Gelaber anfangs eher an.

Ich ging, wie schon seit vielen Jahren, morgens ins Gym, um meinen Body in Form zu halten. Ich habe mein ganzes Leben lang Sport getrieben, Sport ist ein Teil meines Lebens, Sport entspannt und reinigt den Geist.

Wir standen kurz vor der zweiten Ernte. Leider waren die Pflänzchen teilweise von Schädlingen zerstört worden und am Ende konnten wir nur knapp 12 Kilo abernten, ein Drittel dessen, was wir erzielen wollten. Das hat mich echt angekotzt. Wir brachten die Anlage trotzdem wieder auf Vordermann und setzten die ersten selbstgezüchteten Pflänzchen. Die Arbeiten waren sehr zeitaufwendig und mühsam. Wir hatten in der Zwischenzeit einen erfahrenen Grower zur Überwachung der Anlage und zur Pflege der Pflänzchen gefunden. Es tauchten trotzdem ständig neue Probleme auf, mal war es in den Aufzuchträumen zu warm, dann wieder zu kalt. Die Pflanzen wurden von verschiedenen Schädlingen befallen und die nächste Ernte war in Gefahr. Dann kam mir zu Ohren, dass die Halle vor unserem Einzug bereits in krimineller Hinsicht aufgefallen war. Das brachte bei mir das Fass zum Überlaufen.

Es war echt eine geile Sache, solch eine Anlage auf die Beine gestellt zu haben. In dieser Größenordnung gab es in Deutschland zu dieser Zeit nur sehr wenige. Man sollte aber auch wissen, wann man manche Dinge einfach wieder lassen musste, um sich und seine Leute vor Ärger mit der Justiz zu schützen. Wir entschieden uns, alles abzubauen und das Thema Hanf-Eigenanbau zu beenden, die Gefahr, erwischt zu werden, war zu

groß, zumal so eine Anlage nicht mal auf die Schnelle versteckt werden konnte. Es war eine tolle Erfahrung und ein echt großes Projekt, zu dessen Bewerkstelligung viel Arbeit und Köpfchen gehört hatten, und wir waren schon sehr stolz auf unsere Arbeit.

Ich ging weiterhin vormittags zum Sport, abends traf ich mich mit Blazenka. Sie war noch immer von *Big Brother* begeistert und ich schaute, wenn auch widerwillig, ab und an auch mal hin.

Im Juli 2000 machten Blazenka, ihre Söhne und ich Urlaub auf Ibiza. Blazenka, die Jungs und meine beiden Yorkshire Terrier fuhren mit dem Auto, ich nahm mein Motorrad. Die Fahrt war sehr spaßig, alles lief glatt, bis ich in Frankreich tanken musste. Ich fragte einen Franzosen, ob Gazole Benzin sei, er bejahte, und ich tankte den Bock auf. Die Fahrt ging weiter, doch an der nächsten Maut-Station fing der Auspuff meines Bikes an, Feuer zu spucken, das Motorrad gab extreme Laute von sich, ich dachte, das Teil würde gleich explodieren. Ich hatte tatsächlich Diesel getankt, der bekloppte Franzose hatte mich verladen!

Na ja, am Ende war ich der Bekloppte, ich hatte den Scheiß ja selbst eingefüllt. Der Tank befand sich unter dem Sitz, wo ich nicht rankommen konnte, um den Diesel mit einem Schlauch abzusaugen. Weit und breit war keine Tankstelle in Sicht und so musste mich Blazenka mit einem Abschleppseil zur nächsten Tankstelle ziehen. Das war ein gefährlicher Stunt. Hätten uns dabei die Bullen erwischt, dann wären einige Punkte und eine saftige Strafe fällig gewesen. Es klappte aber alles, wir erreichten eine Werkstatt, die den Tank vom Diesel reinigte. Diese Aktion kostete mich allerdings fast 300 Mark, außerdem mussten wir uns nun sputen, um die Fähre in Barcelona zu erreichen. Es gelang uns wundersamer Weise und wir hatten zwei tolle und entspannte Wochen unter der Sonne Ibizas.

Wieder zuhause schaute Blazenka die zweite Staffel *Big Brother*. Was mich erstaunte, war die Tatsache, dass völlig talentlose Leute plötzlich eine Bühne bekamen, von der man locker Kohle verdienen konnte, wenn man wusste wie, oder noch besser, ein bestimmtes Talent in einem steckte. Ich sage nicht, dass Zlatko Talent zum Singen hatte, um Gottes Willen, aber er bekam die Chance, es zu versuchen. Kaum jemand aus den bisherigen Staffeln hat es geschafft, aus dem Bekanntheitsgrad etwas rauszuholen, außer vielleicht der Jürgen aus der ersten Staffel, der auf dem Ballermann die Suffköppe besingt und nun bei RTL II moderiert. Auch Alida, die in der 2. Staffel 250.000 Mark gewann, moderiert seit *Big Brother* bis heute einige Sendungen.

Während der 2. Staffel wurde bekannt, dass sich auch Pärchen zur Teilnahme melden konnten. Ich schaute Blazenka an und fragte sie, ob sie Bock hätte, mit mir gemeinsam als Paar dort einzuziehen. Natürlich hatte sie. Ich setzte mich hin, entwarf eine Karte mit Gedicht als Bewerbung zur 3. Staffel und erhielt postwendend eine Einladung zum Casting im Novotel Köln.

Wir trafen uns dort mit etwa 80 anderen Bewerbern in einem großen Konferenzraum. Nach einer Begrüßungsansprache wurden wir gebeten, uns in Gruppen zu jeweils acht Leuten an die zur Verfügung stehenden Tische zu setzen. Auf jedem Tisch lag ein Kartenspiel, mit dem wir in der Gruppe ein Kartenhäuschen bauen sollten. Anschließend mussten wir Symbole, welche auf den einzelnen Karten abgebildet waren, pantomimisch darstellen und die Anderen mussten den Begriff erraten. Während dieser Spielereien wurden wir von Kameras gefilmt. Nach einer Pause erfuhren wir, dass wir den Sprung in die nächste Runde geschafft hatten. Nun befragten sie uns als Pärchen vor laufender Kamera über unser Leben und den Grund unserer Teilnahme. Ob wir singen könnten?

„Klar, ist doch kein Problem", sagte ich und legte mit *Oh, Tannenbaum* los. Ich sang aus vollem Halse. Blazenka blieb der Mund offen stehen, ich denke aber, nicht vor Begeisterung, sie war eher etwas geschockt über meinen Gesang und brachte keinen Laut heraus.

Der Kameramann musste schmunzeln, ihm gefiel mein Gesangsvortrag offenbar gut, jedenfalls erwähnte er nichts Gegenteiliges. Ist ja auch scheißegal, ob ich singen kann oder eben nicht, ich kann gut schreiben, reimen und texten. Auf unsere Frage, ob wir überhaupt eine Chance in unserem Alter hätten, ins Big-Brother-Haus einzuziehen, machten sie uns richtig Mut: Wir seien schon anders als alle anderen, sie sähen uns schon im Haus.

Ich war überzeugt davon, dass wir in der 3. Staffel dabei sein würden und glaubte bis Mitte Januar fest daran, die Einladung zu bekommen. Aber leider wurde uns am Ende ein anderes Pärchen vorgezogen. Ich hatte mir schon ausgemalt, mit meinem Gedichtband ins Haus einzuziehen, um dort richtig Werbung machen zu können.

Mit Achtzeilern kann man auch Geld machen

Die ganze BB-Aktion hatte mich aber auf den Trichter gebracht, dass meine Gedichte nicht ganz so schlecht sein konnten, denn schließlich waren sie der Anlass zur Einladung zum Casting gewesen. Ich erinnerte mich an die Firma Horn und bekam einen Termin beim Geschäftsführer. Die Firma beabsichtige, eine Grußkartenserie mit dem Namen *Hobby birthday* auf den Markt zu bringen und man fragte mich, ob ich in der Lage sei, Achtzeiler über 50 verschiedene Hobbys zu schreiben. Der Geschäftsführer bot mir pro Achtzeiler 250 Mark Honorar an, und diesmal sagte ich natürlich zu.

Ich erhielt eine Liste, auf der fünfzig verschiedene Hobbys notiert waren und fragte die Leute aus meiner Familie, meinem

Freundes- und Bekanntenkreis nach ihren jeweiligen Hobbys und bat um Stichwörter, die sie damit verbanden.

Und dann ging alles ganz einfach: Mit einen Grasjoint, den Stichwörtern, einem Blatt Papier und einem Stift setzte ich mich auf die Toilette. Wenn ich diese nach einer Weile wieder verließ, hatte ich meist drei oder vier passende Achtzeiler geschrieben. Den Auftrag hatte ich innerhalb von 2 Wochen erledigt, die Gedichte wurden ohne jegliche Änderung übernommen und kamen im September 2001 auf den Markt. Die Karten wurden in Kaufhäusern in ganz Deutschland verkauft. Auf den Rückseiten der Karten stand: „Text – Peter Müller.“ Das war schon geil. Die Karten verkauften sich gut, doch auf weitere Aufträge warte ich noch heute.

Bope's Birth

Im September 2001 meldete ich ein Gewerbe an und gründete die *Collagerie der Fanthasie.* Ich hatte vor, Einladungs-, Gruß-, Glückwunsch- und Visitenkarten, Flyer, Plakate und Collagen herzustellen und zu drucken. Ich zog zu Blazenka und machte aus meiner bisherigen Wohnung ein Büro. Ich kaufte mir einen Computer, einen Schwarz-Weiß-Drucker sowie einen Plotter und leaste mir einen großen Farbkopierer. Ich hatte keinen blassen Dunst von Computern, ich wusste nicht mal, wie man so ein Teil überhaupt einschaltete oder wie man damit arbeitete. Ein guter Bekannter wollte mir schnellen Nachhilfeunterricht geben.

Wie ich feststellte, war es doch etwas komplizierter, als ich gedacht hatte. Zeitweise war ich kurz vorm Durchdrehen. Es hat dann einige Wochen gedauert, bis ich mit all den Gerätschaften einigermaßen umgehen konnte, aber ich habe es geschafft!

Es war nicht einfach, in diesem Gewerbe Fuß zu fassen. Aber ich hatte schon ein paar Aufträge erfolgreich abgeschlossen, als mir ein Freund den Tipp gab, Karten für Kiffer herzustellen und diese in sogenannten Headshops in einem Tisch-Kartenständer zum Verkauf anzubieten.

Ich fand diese Idee nicht übel, setzte mich hin und schrieb einige zum Kiffen passende Gedichte. Vom Sohn einer meiner Cousinen, der richtig toll malen und zeichnen konnte, ließ ich mir ein Grasblatt in Form einer Comicfigur zeichnen. Diese Comicfigur war grün, hatte Hände und Füße, trug rote Turnschuhe und hielt in der rechten Hand einen Joint – sah echt geil aus das Teil. Diese Figur nannte ich Bope, sein Slogan war „My name is Bope – I like dope".

Zwei Kunststudenten zeichneten mir weitere Figuren und Symbole für die jeweiligen Klappkarten. Zur Bestückung der Kartenständer stellte ich jeweils sechs verschiedene Postkarten,

Klappkarten mit Gedichten, Klappkarten mit einer abdeckbaren Joint-Halterung und Klappkarten mit Rezepten für Haschkuchen und Plätzchen her. Die Kartenständer wurden mit 24 verschiedenen Karten bestückt.

Als der erste Kartenständer mit 120 Karten fertiggestellt war, fuhr ich damit nach Frankfurt zum Headshop *Highlight* und bot ihn zum Kauf an. Dem damaligen Besitzer gefiel diese Idee, er kaufte mir die Ware ab und bestellt zwei weitere Ständer für seine Filialen.

Von ihm bekam ich die Adressen von Headshops in ganz Deutschland, die ich nach telefonischer Terminvereinbarung besuchte, um die Kartenständer zum Kauf anzubieten. Ich hatte mir einen Opel Omega gekauft, in den ich neun Kartenständer laden konnte. So fuhr ich also quer durch Deutschland und verkaufte die Displays. Ich ließ sie in der Zwischenzeit in einer Druckerei herstellen und musste sie nur noch verpacken. Nach einiger Zeit hatte ich über 100 Kartenständer an Headshops in verschiedenen Städten in ganz Deutschland verkauft.

Meine nächste Idee war, Bope als Plüschpüppchen herstellen zu lassen. Meine Schwester Angelika war in diesen Dingen sehr geschickt, sie nähte mir den ersten Bope-Prototypen. Zunächst waren die Beine noch zu kurz, es fehlten die roten Turnschuhe. Der zweite Entwurf war dann schon besser und ich vereinbarte einen Termin mit einer Firma in Mönchengladbach. Ich wollte Bope in vier verschiedenen Größen pro-

duzieren lassen mit beweglichen Gliedmaßen, einem Joint in der Hand und einem Loch im Mund zum Reinstecken des Joints. Die von meiner Schwester genähte Bope-Vorlage wurde nach China zur Herstellung geschickt. Nach vier Wochen bekam ich das erste Muster. Das Teil sah echt geil aus, und ich bestellte je 1.000 Stück in vier Größen.

Unter dem eigenen Label *Bope – Authentic Smokewear* ließ ich T-Shirts, Sweat- und Kapuzenshirts, Beanies und Caps, Jacken und Hosen herstellen und bedrucken.

Im September 2002 präsentierte ich mein komplettes Warensortiment bei der CannaBusiness, der deutschen Hanfmesse. Vom Frankfurter Kleidermacher Elbin ließ ich ein Bope-Kostüm entwerfen, in dem ein Mitarbeiter auf der Messe Werbeflyer für unsere Ware verteilen sollte. Das Teil hat mich 1.500 € gekostet, es war aber jeden Cent wert, Bope war das meist fotografierte Objekt der Messe.

Während der Messe kam ein Fotograf mit der Frage zu mir, ob er Bope für das Fachmagazin *Hanfblatt* fotografieren dürfe. Na, klar durfte er das, war doch eine super Werbung. Bope wurde mit einem süßen Mädel im Arm fotografiert, welches mit Ganzkörper-Airbrush verziert und lediglich mit einem winzigen Slip bekleidet war. Die beiden kamen auf's Titelblatt der nächsten Ausgabe, da war ich echt verdammt stolz drauf.

Der Messechef höchstpersönlich fragte mich, ob ich nicht Lust hätte, das Plüschpüppchen Bope zum Produkt-Award anzumelden. Dies tat ich dann auch, und Bope wurde zum Produkt des Jahres 2002 mit Auszeichnung gewählt.

Die Messe verlief also richtig gut. Ich hatte meine ausgestellte Ware komplett verkaufen können und reichlich Werbeflyer verteilen lassen. Mit einem guten Gefühl, dass die Zukunft Erfolg und selbstverständlich auch eine Menge Kohle bringen würde, begab ich mich wieder auf den Weg nach Hause.

Ich hatte eine ganze Menge Kohle investiert und noch einige Rechnungen offen. Einem Bekannten, der Interesse an einer Beteiligung an meinem Geschäft zeigte, sagte ich 50 % bei einer Einlage von 60.000 € zu. Er zahlte 10.000 € an, die restlichen 50.000 wollte er dann im September einbringen. Nach der Messe erreichte mich die Nachricht, dass es mit der abgesprochenen finanziellen Beteiligung nichts wurde. Scheiße aber auch, jetzt stand ich mit einigen Rechnungen da, die ich nicht begleichen konnte. Es blieb mir nichts anderes übrig, als ein geerbtes Grundstück, zu dieser Zeit Bauerwartungsland, für 50.000 € zu verkaufen. Eigentlich hatte ich einen Kredit bei der Bank aufnehmen und das Grundstück als Sicherheit anbieten wollen. Doch weder meine Hausbank, noch ein paar andere Banken, die ich unter diesen Bedingungen um einen Kredit bat, ließen sich auf das Geschäft ein. So kurz nach dem Wechsel von DM auf Euro waren die Banken nicht mehr so einfach bereit, Kredite zu geben, zu viele Kleinunternehmer gingen pleite und hinterließen einen Schuldenberg.

Bope rockt die Festivals

Bei mir konnte es aber weitergehen. Ich verkaufte meine Grußkarten und auch die Plüsch-Bopes weiterhin an Headshops. Der Betreiber eines Marktstandes auf der Frankfurter Zeil, dem ich Bopes zum Verkauf anbot, gab mir den Rat, Jürgen Müller, Chef der Firma *MB-Müller* anzurufen, um ihm meine Plüsch-Bopes anzubieten. Ich bekam einen Termin und besuchte Jürgen in seiner Firma in Heidelberg. Wir waren uns sofort sympathisch, die Plüsch-Bopes waren ihm allerdings im Einkauf zu teuer. *MB-Müller* ist ein riesiger Großhandel, der Schmuck, Textilien und Accessoires in China produzieren lässt und diese an Händler weiterverkauft. Jürgen bot mir seine Waren zum Weiterverkauf auf Kommissionsbasis an.

Von einem Bäckermeister erwarb ich dann einen VW-Verkaufswagen, mit dem er auf Märkten Brot, Kuchen und weitere Leckereien verkauft hatte. Die Seitenklappe des Fahrzeuges konnte man öffnen und schaute direkt auf die Auslegeware. Mit ein paar Helfern baute ich den Innenbereich des Wagens für meine Zwecke um und dann veredelte André, mein erster Bope-Zeichner, das Fahrzeug von außen mit Airbrush. Ein 6 x 3 m langes Zelt wurde zum Vorzelt umgebaut, damit auch Kleider, Gürtel, Mützen und Karten vom Regen geschützt angeboten werden konnten. So entstand das Bope-Mobil.

Ich bewarb mich nun um Standplätze bei Straßenfesten, Motorradtreffen, Stadtfesten wie dem Frankfurter Museumsuferfest, dem Wäldchestag und der Dippemess. Mit der Firma *Near Dark* – einem Großhandel für Kiffer-Utensilien – tauschte ich Bopes gegen Bongs, Pfeifen, Papers und anderer Waren, die ich in meinem rollenden Bope-Mobil anbieten konnte.

Tobi und Tillmann, Freunde meines Neffen Christopher, besuchten mich oft in meinem Büro. Tobi kannte sich mit der Technik gut aus und war Computerspezialist. Er ging noch zur Schule und nahm dort öfters mal frei, um mir zu helfen. Tillmann, der eine Lehre als Hotel-Kaufmann machte, unterstützte uns in seiner Freizeit und an Wochenenden. Er war handwerklich sehr begabt und kannte sich im Verkauf aus. Ich verkaufte den Opel Omega und erwarb einen Sprinter, in dem ich das Vorzelt und die Waren transportieren konnte. Wir waren an jedem Wochenende auf Festen unterwegs, es machte echt Spaß. Für längere Events kaufte ich einen gebrauchten Wohnwagen, damit wir einen Schlaf- und Kochplatz hatten.

So konnte ich für den Frühsommer 2004 einen Standplatz für Rock am Ring klarmachen. Dafür musste ich 1.950 € im Voraus überweisen, aber die Sache hat sich gelohnt. Das Festival begann für uns donnerstags mit der Anreise und dem Aufbau und endete Sonntag in der Nacht mit dem Abbau und der Heimreise. Tillmann und Tobi hatten eine geile Musikanlage

mit großen, starken Boxen, die man draußen links und rechts vom Wagen aufhängen konnte, in den Verkaufsstand eingebaut. Nun suchte ich noch ein paar Mitarbeiter für das Festival und

Tillmann schlug mir Jo vor, einen Kumpel aus der Berufsschule. Ich testete Jos Geschick auf dem Wäldchestag, wo er seine Sache so gut machte, dass er von nun an zum Team gehörte.

Voll bepackt mit Waren, Essen, Grill, Holzkohle, einem 50-l-Bierfass und zwei weiteren Mitarbeitern fuhren wir zu *Rock am Ring*. Wir hatten unseren Standplatz in der Nähe des Haupteinganges zum Festivalgelände gewählt. Links und rechts von uns standen Dutzende von Fress-, Sauf- und sonstigen Verkaufsständen. Wir bauten unseren Stand auf, ließen hinter dem Verkaufswagen drei Meter Platz für ein Zwischenzelt und platzierten dahinter unseren Wohnwagen. Im Zwischenzelt stand eine Bierzeltgarnitur, ein Kühlschrank, darauf eine Zapfanlage für unser Bierfass. Schon beim Aufbau kamen die ersten Kunden, um T-Shirts, Papers oder auch Acryl-Bongs zu kaufen. Auch das Bope-Kostüm war wieder im Einsatz, jeder wollte ein gemeinsames Foto mit ihm. Wir hatten geile Mucke am Start, die hübschesten Mädels nach Feierabend zur Grillparty mit Fassbier und ein paar gute Joints im Zwischenzelt, der Verkauf lief und der Umsatz war befriedigend. Bei uns gab es vom Anfang bis zum Ende des Festivals Party.

Magic Mushrooms

Wieder zuhause baute ich das Büro zu einem Headshop um, stellte ein paar Vitrinen rein und bestückte sie mit Bongs, Shishas und weiteren Raucherartikeln. Ich fuhr dann mit Jo zur *Cannabia*, der holländischen Hanfmesse, um mich auf dem Markt umzuschauen. Dort traf ich einen Headshopbesitzer aus Karlsruhe, den ich schon länger kannte. Wir kamen ins Gespräch und er riet mir, Magic Mushrooms, d. h. psilocybinhaltige Pilze ins Sortiment meines Shops zu nehmen. Die Nachfrage sei zurzeit sehr groß und die Verdienstmöglichkeiten auch. Diese Pilze waren in Holland von der Europäischen Union als Lebensmittel freigegeben und dort auch in ganz normalen Geschäften zu erwerben. Nach dem EU-Gesetz muss jedes Lebensmittel, das in einem europäischen Land hergestellt und vertrieben wird, auch in jedem anderen EU-Land frei zugänglich sein. Ich schaute mich nach einem Händler um und ließ mich mit je 100 Päckchen beliefern. Es handelte sich um Frischpilze, getrocknet waren sie, aus welchem Grund auch immer, verboten. Die Pilze wurden in einem Kühlwagen angeliefert und mussten im Kühlschrank frisch gehalten werden. Durch ein wenig Werbung sprach es sich schnell herum, dass wir Mushrooms im Sortiment hatten, und die Kunden kamen aus allen Richtungen, um sich zu versorgen. Ich fuhr mit dem Sprinter Shops in ganz Deutschland an und verkaufte Karten, Bopes und auch Waren von *MB-Müller*, die ich mit Rabatt zum Händlereinkauf in Kommission mitnehmen konnte. An den Wochenenden war ich meist mit dem Verkaufswagen bei Straßen- und Stadtfesten unterwegs. Wenn eine Veranstaltung weiter weg von Frankfurt stattfand, nahm ich

den Wohnwagen mit. Dennoch ging es mir finanziell nicht gerade rosig. Blazenka war oft mit mir unterwegs, sie fuhr den Verkaufswagen, der sich vom Motorengeräusch wie ein Panzer anhörte, ich lenkte den Sprinter mit Vorzelt und Waren im Gepäck und zog den Wohnwagen hinter mir her. Es war echt stressig, hat uns aber viel Spaß gemacht, es war fast wie Camping.

Pleiten, Pech und Pannen

Mit Tillmann fuhr ich dann zum *Burg Herzberg Festival.* Das Hippie-Event findet jedes Jahr in der Schwalm statt und bot uns genau das richtige Publikum für unser Sortiment. Der Veranstalter hatte für die Verkaufsstände Stromaggregate aufstellen lassen, das Festival fand mitten in der Pampa statt, bis zum nächsten Dorf waren es fast 8 km. Wir bauten unseren Stand auf und konnten das sich nach unten neigende Gelände gut überschauen. Hinter uns befand sich ein Zeltplatz für die Festival-Besucher. Tillmann holte aus dem nahe liegenden Wald Holz für ein Lagerfeuer.

Ich sagte ihm noch, er solle den Sprinterschlüssel im Wohnwagen liegen lassen, damit er nicht verloren ginge. Auf alle Fälle war der Zündschlüssel plötzlich verschwunden. Wir konnten den Schlüssel auch nach langem Suchen nicht finden. Ich hatte den Sprinter gerade erst gekauft, am Schlüsselbund hingen auch die Ersatzschlüssel. EinSecurity-Mann der Veranstaltung – die Jungs saßen oft bei uns, weil es immer was zum Trinken und Rauchen gab – wollte einen Bekannten anrufen, der einen Abschleppwagen hatte und mich zur nächsten Werkstatt schleppen könnte. Erstmal mussten wir aber noch das Fest hinter uns bringen.

Trotz der Misere mit dem Schlüssel war das *Burg-Herzberg-Festival* echt geil, viele coole Alt-Hippies waren angereist. Ich probierte dort zum ersten Mal in meinem Leben getrocknete Pilze: Das war vom Feeling wie der erste Grasjoint, nach dessen Genuss man sich schlapp gelacht hatte.

Nach Ende des Festivals, es regnete an diesem Tag sehr stark, kam der Bekannte des Securitys mit einem Jeep angefahren, der Abschlepper würde es bei dieser Nässe nicht den Berg rauf zu unserem Standplatz schaffen. Er könne mir aber den Sprinter kurzschließen und starten, dann müsste nur noch das Lenkradschloss mit einem kurzen Ruck nach rechts und links gebrochen werden – schon könnte ich den Sprinter selbst bis zur Werkstatt fahren. Er selbst wollte das Lenkradschloss aber nicht brechen – anschließend wusste ich auch, warum. Ich fragte also Tillmann und einen Festivalbesucher, den ich aus Frankfurt kannte, ob sie sich an diese Aufgabe wagen würden. Der Frankfurter sagte, es sei kein Problem, und so zerrten Tillmann und er an dem Lenkrad, bis es komplett von der Lenksäule abbrach. Plötzlich hatten sie das Teil in den Händen.

Scheiße aber auch, was jetzt? Der Monteur, welcher uns den Wagen kurzgeschlossen hatte, wollte ein Schweißgerät holen und das Lenkrad wieder anschweißen. Die Veranstalter hatten aber in der Zwischenzeit sämtliche Stromaggregate abbauen lassen, und so standen wir total ohne Strom mit abgerissenem Lenkrad mitten in der Pampa.

Da war wieder mal Improvisation gefragt: Der Monteur besorgte ein kleines, mit Sprit betriebenes Stromaggregat und ein Schweißgerät. Das Aggregat gab aber zu wenig Strom ab und somit war die Reparatur nicht möglich. Etwa 500 m entfernt stand eine Holzhütte, an der wir Strom zapfen konnten. Ich setzte mich in den Sprinter und griff die Lenksäule mit einer Pumpenzange und fuhr rückwärts _ eigentlich rutschte ich mehr – zu dieser Hütte. Dort konnte der Monteur endlich das Lenkrad anschweißen, und wir machten uns auf den Nachhauseweg.

Bope's Planet

Ein Bekannter aus Frankfurt betrieb einen Handy-Laden auf der Friedberger Landstraße. Ganz in der Nähe befindet sich die Technische Hochschule sowie einige Gymnasien und Berufsschulen. Als ich eines Tages dort vorbeifuhr, stand am Schaufenster des Handy-Ladens „zu vermieten". Ich rief meinen Bekannten an und organisierte mir so die Nummer des Ver-

mieters, mit dem ich schnell handelseinig wurde. Ich mietete den Laden für monatlich 1.200 € an.

Im Herbst 2004 eröffnete ich dort einen Headshop und gab ihm den Namen *Bope's Planet*.

Ich ließ mich wöchentlich mit Magic Mushrooms aus Holland beliefern, die ich offiziell im Laden vertrieb und selbstverständlich auch versteuerte. Der Laden lief recht gut, er war aber auch super eingerichtet: Die Wände waren mit Airbrush von André bemalt und es gab dort alles, was das Kifferherz begehrt.

Privat lief es nicht so rund: Blazenka und ich hatten uns gestritten und anschließend getrennt, ich richtete mir wieder meine Wohnung im Hause meiner Schwester und meines Schwagers ein.

Finanziell konnte ich keine großartigen Sprünge machen, es gab immer wieder Rückschläge wie z. B. auf dem *Hurricane Festival* in Norddeutschland: Das Festival fand auf einem ehemaligen Flugplatzgelände statt, das völlig baum- und strauchlos war. Das Festival machte seinem Namen alle Ehre. Beim Aufbau kam ein Unwetter auf, es regnete und stürmte wie irre. Zelte flogen quer über den Platz, innerhalb von Minuten war alles überschwemmt. Wir zogen Gräben rund um unseren Stand, damit das Wasser ablaufen konnte. Hurricane war für mich finanziell ein totaler Flop und ich musste ordentlich draufzahlen.

Für den Transport der Mushrooms zu uns und zu anderen Shops in Deutschland hatten wir eine riesige Kühlbox besorgt. Alle zwei Wochen fuhr Jo nach Holland, holte die bestellte Ware ab und belieferte auf der Rückfahrt Kunden in Dresden, Braunschweig, Kassel und anderen Städten. Wir kauften ein Päckchen für 3,50 € ein, vertrieben es an Shops für 7 € und im Laden für 20 €. Das Geschäft war nicht sehr einträglich, aber es brachte auch keinerlei Probleme mit sich. Kunden aus allen Gesellschaftskreisen betraten den Laden, um Magic Mushrooms einzukaufen, Leute, von denen man niemals glauben würde, dass sie sich Pilze oder auch Gras reinpfeifen würden.
2005 hatten wir wieder einen Standplatz für *Rock am Ring* gebucht. Ich hatte beim Händler in Holland 1.000 Päckchen Magic Mushrooms bestellt, die ich beim Festival verkaufen wollte. Die Pilze gingen weg wie warme Semmel. Ständig wurden Alkoholleichen mit Sirenengeheul abtransportiert – da war der Genuss von Pilzen auf alle Fälle geschmeidiger. Die Entscheidung, Pilze auf dem Festival zu verkaufen, war genau richtig, endlich kam mal wieder richtig Kohle in die abgemagerte Kasse. Nachdem der Verkauf ohne Probleme gelaufen war, hat-

ten wir dann auch beim *Böhse-Onkelz*-Abschiedskonzert 2005 wieder Mushrooms an Bord. Alles lief ohne Probleme, die Leute waren zufrieden mit der Ware, wir mit dem Umsatz, endlich ging es mal finanziell voran.

Ende-Gelände

Im Juli 2005 fand das *Fullmoon Festival* in Brandenburg statt. Zu diesem Festival schickte ich Tillmann mit zwei weiteren Mitarbeitern, dem Sprinter mit Wohnwagen und dem Bope-Mobil. Ich wollte auch mal frei haben.

Vom Händler in Holland hatte ich wieder 1.000 Päckchen Magic Mushrooms mit Anlieferung zum Festival bestellt. Die Jungs hatten bereits 50 Päckchen Pilze, die ich aus dem Laden mitgeschickt hatte, verkauft. Das mit 1.000 Päckchen Mushrooms beladene Kühlfahrzeug des holländischen Händlers kam in der Nacht um 1 Uhr am Haupteingang des Festivals an und wurde dort von der Polizei angehalten und überprüft. Der Fahrer wurde sofort wegen des Verdachtes auf Drogenhandel festgenommen. Anschließend wurden meine Mitarbeiter verhaftet. Tillmann durfte mich anrufen und teilte mir die Umstände mit.

Ich ließ mich gleich am nächsten Morgen von einem Rechtsanwalt beraten: Nach EU-Gesetz war der Handel mit Magic Mushrooms nicht strafbar, ich solle mir keine Sorgen machen. Ich machte mich mit Tobi, Jo und Bene auf den Weg nach Brandenburg, um die Sache aufzuklären. Dort angekommen betrat ich das Polizeipräsidium und gab mich als Besitzer des Verkaufsstandes und damit als Verantwortlicher zu erkennen. Ich legte ein Gutachten über die Legalität der Mushrooms vor und fragte nach dem Verbleib meiner Mitarbeiter. Man gab mir zur Antwort, meine Mitarbeiter müssten bis zur Haftprüfung am darauf folgenden Tag in Haft bleiben. Ich bat um die Schlüssel des Verkaufswagens, des Sprinters und des Wohnwagens, schließlich wollten wir den Stand wieder öffnen. Der Kripobeamte bat um meinen Ausweis, kam etwa zehn Minuten später zurück und sagte, ich solle mal kurz mitkommen. Ich sah Jo an und sagte ihm, dass wir uns sicherlich nicht so schnell wiedersehen würden, ich hatte ein komisches Gefühl im Bauch.

Als ich durch die Türe ging, fiel sie hinter mir ins Schloss, der Kripomann blieb stehen, drehte sich zu mir um und sagte: „Herr Müller, Sie sind vorläufig festgenommen."

Man schloss mich in eine Zelle ohne Toilette, Waschbecken und Fenster, ein mit Fliesen gekachelter Betonklotz war das „Bett". Die Nacht war beschissen und am nächsten Morgen wartete ich vergeblich auf Frühstück. Ich fragte bei einem Beamten nach, doch der meinte, er könne mir lediglich am Kiosk eine Bockwurst holen. „Wie bitte? Sie sperren mich hier ein und können mich nicht einmal verpflegen?" Das war kaum zu glauben, aber leider wahr. Ich musste dem Beamten Kohle in die Hand drücken, damit er mir 'ne Bockworscht und 'nen Kaffee besorgen konnte. Irgendwann am Vormittag wurde ich gemeinsam mit meinen Mitarbeitern in Handschellen zur Haftprüfung zum Gericht gekarrt. Der zuständige Haftrichter machte einen riesen Wind um die Sache, aber am Ende konnten Tillmann und die beiden anderen Mitarbeiter das Gerichtsgebäude als freie Menschen unter der Auflage, sich einmal wöchentlich bei der Polizei zu melden, verlassen.

Mich schickte das kleine Männchen wegen der Schwere der Tat in Untersuchungshaft in die JVA Wulkow. Nach Einkleidung in der Kleiderkammer – dort erhält man Essbesteck, Teller, Tasse, Decken und all die Dinge, die man für so einen Aufenthalt benötigt – brachte mich ein Beamter, auch Schließer genannt, in meine Zelle. Ich fragte ihn, wann es denn Abendbrot geben würde. Er sagte, das Abendbrot sei schon ausgeteilt, es gebe erst am nächsten Morgen wieder was zu essen. Jetzt war ich aber echt sauer, ich hatte seit zwei Tagen nichts richtiges gegessen und mir knurrte gehörig der Magen.

„Also hören Sie mal", sagte ich zum Beamten, „wenn ich innerhalb der nächsten 30 Minuten nichts zu essen bekomme, geht hier der Punk ab."

Ilfan, der als Hausarbeiter auf meiner Station eingesetzt war und auch immer das Essen verteilte beschwichtigte mich er würde mir gleich etwas zu essen bringen. Dies tat er dann auch und ich konnte meinen Hunger stillen.

Am nächsten Tag wurde ich zur Zugangsuntersuchung dem Anstaltsarzt vorgeführt. Ich musste den Oberkörper freimachen und hörte plötzlich einen Pfiff: wie sich später herausstellte, war der Anstaltsarzt schwul und hatte mich doch tatsächlich bewundernd angepfiffen. Als ich später einen Zettel mit den im Knast käuflich zu erwerbenden Artikeln bekam, las ich, dass es auch Blausiegel-Kondome und Vaseline zu kaufen gab. Es gab eben viele Schwule hier. Ich schrieb einen Antrag an den Anstaltsleiter und bat ihn um die Genehmigung zur Bestellung einer Gummifotze von Beate Uhse zur Befriedigung meiner sexuellen Bedürfnisse mit der Begründung, dass die Homosexualität schließlich auch im Hause durch den Einkauf von Kondomen und Vaseline gefördert würde, ich käme mir als Hetero diskriminiert vor. Leider wurde diesem Antrag nicht stattgegeben.

Ich war 900 km von zuhause im Knast eingesperrt. Eine richterliche Genehmigung erlaubte mir, jederzeit mit meiner Anwältin zu telefonieren. Blazenka, mit der ich wieder zusammen war, besuchte mich einmal in dieser U-Haft. Wir durften uns 30 läppische Minuten sehen, dann war die Besuchszeit vorbei. Ich bat sie, sich diesen Stress nicht noch einmal anzutun, ich sei ja bald wieder zuhause. Nach 2 Monaten wurde ich, wie gehabt, mit Handschellen auf dem Rücken gefesselten Händen zur Haftprüfung nach Perleberg gefahren. Dort wurde ich einem Haftrichter vorgeführt, der mich keinesfalls aus der U-Haft entlassen wollte. Am Ende erreichte meine Rechtsanwältin die Haftentlassung unter einigen Auflagen.

Jo und Tobi hatten sich extra an diesem Tag auf den Weg gemacht, um mich abzuholen. Wieder in Freiheit zündete ich mir ganz entspannt eine Tüte an, ich war echt froh, wieder draußen zu sein. Allerdings waren die Geschäfte in meiner Abwesenheit nicht gerade rosig gelaufen. Durch den Vorfall hatte sich niemand mehr getraut, Pilze zu verkaufen. *Bope's Planet* wurde kurzfristig auf einen anderen Inhaber überschrieben, denn eine meiner Auflagen war, keine Mushrooms mehr zu verkaufen. Ich war von der Legalität der Pilze noch immer felsenfest überzeugt und sie wurden schließlich wieder ins Laden-Sortiment genommen. Ich verstieß dabei gegen keinerlei Auflagen. Ich meldete mich wöchentlich bei der Polizei und wartete auf die Verhandlung.

Bope's Garten

In *Bope's Planet* Friedberger Landstraße hatten wir keinerlei Ärger mit den Behörden wegen der Pilze. Anfang 2006 wurde mir der Kauf eines Headshops in Frankfurt/Höchst angeboten. Ich schaute mir den Laden an, er war total versifft und heruntergewirtschaftet, der Kaufpreis war aber nicht übel, und so entstand *Bope's Planet* Frankfurt/Höchst. Wir bauten den Laden komplett um. In einem der vier Verkaufsräume richteten wir eine Bar ein, in der Kunden Shisha rauchen oder auch etwas trinken konnten. Drei große Glaswürfel dienten als Tische und gleich-

zeitig als Terrarien: ein Skorpion, eine Vogelspinne und eine Schlange fanden dort ihr Zuhause.

Die Shisha-Bar war immer recht gut besucht, es waren meist Leute zwischen 16 und 18 Jahren da, die während der Öffnungszeiten von 11 bis 19.30 Uhr gerne bei uns abhingen. Wir hatten immer gute Mucke laufen und die Atmosphäre war echt Spitze. Später brachten wir auch noch den Garten hinter dem Laden auf Vordermann. Ich hatte viele freiwillige Helfer, denen es Spaß machte, beim Umbau behilflich zu sein. Wir bauten eine Theke mit einem nach vorne sichtbaren Aquarium, in dem sich ein paar Minihaie tummelten. Ein künstlich erbauter Bachlauf endete in einem kleinen Teich, den eine nackte Venus zierte, aus deren erhobenen Händen das Wasser über ihren Körper lief. Zwischen Garten und Laden bauten wir eine überdachte Terrasse, und auf der restlichen Gartenfläche errichteten wir drei mit Betonplatten belegte Flächen für Tische und Bänke. Wir pflanzten Blumen und Bäumchen.

Zum 1. Mai 2006 fand die Einweihung von *Bope's Garten* statt. Etwa 80 bis 100 Leute waren gekommen, um richtig abzufeiern. Es gab Fassbier und Gegrilltes, DJs sorgten für gute Mucke, und später trat ein in Frankfurt und ganz Deutschland bekannter Rapper auf. Die Party kam bei den Gästen sehr gut an, und so veranstalteten wir alle zwei Wochen eine Open-Air-Party in *Bope's Garten*.

Das *Bope-Mobil* kam in dieser Zeit wenig zum Einsatz, wir hatten genug zu tun. Rock am Ring 2006 wollte ich mir dennoch nicht nehmen lassen und buchte einen Stand. Beim holländischen Händler bestellte ich tausend Päckchen Mushrooms und holte sie einen Tag vor dem Festival persönlich ab. Der Standplatz war auf den derzeitigen Inhaber von *Bope's Planet* angemietet – ich hatte ja meine Auflagen zu erfüllen. Nachdem wir den Stand etwa zwei Stunden geöffnet und in dieser Zeit schon eine ganze Menge Pilze verkauft hatten, wurde unser Stand von Zivilbullen kontrolliert. Ich stand im Wohnwagen vor der Eingangstüre, da kamen Leute von der Kripo, zeigten ihre Marke vor und überprüften unsere Papiere. Wir rauchten gerade einen Joint, was die Bullen dazu veranlasste, den Wohnwagen nach Drogen auf den Kopf zu stellen. Gefunden haben 'se nichts, aber die Mushrooms, welche wir in Kühlschränken im Laderaum des Sprinters gelagert hatten, wurden beschlagnahmt und mein Kollege musste mit zum Polizeirevier.

Ich rief die für Pilzprobleme zuständige Rechtsanwältin in Köln an und bat sie, für die sofortige Freilassung zu sorgen. Sie regelte das telefonisch und tatsächlich war mein Kumpel zwei Stunden später wieder unter uns.

Scheiß' auf die Pilze, seit diesem Tag habe ich Pilze komplett und endgültig aus meinem Warensortiment genommen. In *Bope's Garten* steht ein Grabstein, unter dem die Magic Mushrooms symbolisch begraben sind.

Geldeintreiben mit links

Am 19. Oktober 2006, am Geburtstag meiner Tochter Claudia, fand endlich meine Verhandlung wegen der Pilzgeschichte vom *Fullmoon Festival* 2005 statt. Meine drei Mitarbeiter bekamen jeweils eine Geldstrafe, ich bekam zwei Jahre auf Bewährung. Gegen dieses Urteil legte ich Revision ein.

Auf einer weiteren Gartenparty fragte mich ein Bekannter, ob ich ihm behilflich sein könnte. Ein Holländer schulde ihm 30.000 € und weigere sich zu zahlen. Gegen eine Bezahlung von 5.000 € fuhr ich mit ihm nach Holland zu seinem Schuldner, führte ein intensives Gespräch, und schon war der Kerl bereit, seine Schuld zu begleichen. In solchen Gesprächen kommt es auf die erforderliche Wortwahl an – ich habe sie immer getroffen. In der Vergangenheit hatte ich schon gelegentlich für andere Schulden eingetrieben und dabei nicht schlecht verdient.

Einmal hatte ein deutscher Geschäftsmann 80.000 € von einem spanischen Geschäftspartner zu bekommen. Bei Begleichung der Außenstände wollte er mir 50 % der Kohle überlassen, da konnte ich nicht widerstehen. Wir fuhren mit dem Auto nach Spanien und trafen uns mit dem Schuldner bei McDonald's. Als wir ankamen, saß er bereits in weiblicher Begleitung an einem Tisch. Er war etwas korpulent, trug ein weißes kurzärmeliges Hemd, das vorne aufgeknöpft war, und eine Sonnenbrille. Grinsend kaute er auf einen Kaugummi herum und machte auf überheblich. Da war er bei mir aber gerade richtig:

„Hör' auf zu grinsen, sonst hagelt es Ohrfeigen!"

Ich fragte ihn, wie er die Kohle zurückzuzahlen gedenke? Schon etwas eingeschüchtert meinte er, er habe kein Geld, selbst wenn man ihn totschlüge, könne er nicht zahlen.

„Dass dich jemand erschlägt, glaube ich nicht“, sagte ich ihm. „Aber möchtest du wirklich das scheiß Gefühl kennenlernen, morgens mit Blicken nach links und rechts die Wohnung zu verlassen, immer in der Angst, eine übergezogen oder die Arme gebrochen zu bekommen? Ich bin deine letzte Chance, Alter. Wenn wir nicht übereinkommen, dann kann ich dir leider auch nicht mehr weiterhelfen. Die Leute, welche sich dann um alles Weitere kümmern, verstehen keinen Spaß, das tut dann weh.“

Jetzt fing der Typ an zu jammern, er könne 200 monatlich zurückzahlen, mehr hätte er nicht zur Verfügung, was er denn nur machen solle.

„Schick deine Frau die Kohle anschaffen oder sonst was. Wie du die Kohle beibringst, ist mir echt egal, nur muss halt eine vernünftigen Summe rüberwachsen.“

Wir einigten uns schließlich auf 1.000 € Rückzahlung monatlich, die ich mit dem Gläubiger teilte.

So bot sich mir immer mal wieder eine Gelegenheit, auf die Schnelle etwas Kohle zu schnappen, ohne gleich kriminell zu werden. Ich machte fast den gleichen Job wie ein Gerichtsvollzieher, nur halt etwas effektiver und deshalb auch etwas teurer.

Aber so ist es eben in der Szene. Wer sich Geld leiht, muss es zurückzahlen – sonst gibt es erheblichen Ärger. Wer einen anderen beklaut, der ist gleich unten durch. Es gibt eben die Ganovenehre, dass man sich gegenseitig nicht verpfeift und auch nicht beklaut. Die Strafen dafür sind drastisch und es gibt hier kein Gerichtsverfahren oder die Chance auf Bewährung. Eigentlich ist es schon merkwürdig, dass die Ganoven untereinander viel strenger sind, als der Rechtsstaat.

Spice ist auch keine Lösung

2007 kam dann das sogenannte Spice auf den Markt. Das ist die Verkaufsbezeichnung einer Droge, die aus synthetischen Cannabinoiden sowie getrockneten Pflanzenteilen besteht. Die Kräutermischung hat die gleiche Wirkung, als rauche man einen Gras- oder Haschjoint. Ich nahm Spice zwar in mein Warensortiment auf, es verkaufte sich aber nur sehr spärlich. Erst als in den Medien darüber berichtet wurde, stieg die Nachfrage in allen Kreisen unserer Gesellschaft: Ganz normale, bürgerliche Leute betraten die Läden und kauften Spice. Ich selbst testete die Kräuter, um zu wissen, was ich im Programm hatte. Donnerwetter, das Zeug hat echt geturnt. Das Beste daran war aber, dass Spice nicht gesetzlich verboten war, keiner der Bestandteile verstieß gegen das BTMG, das Betäubungsmittelgesetz.

Aber richtiges Gras war einfach unersetzlich. In Bope's Planet, und auch in vielen anderen Headshops, konnte man als Angelköder ausgewiesenen Hanfsamen kaufen. Und natürlich schmeckten die Samen nicht nur den Fischen, sondern man konnte damit im kleinen Rahmen sein eigenes Gras anbauen. So ein Tütchen Angelköder mit meist zehn Samenkörnern kostete zwischen 15 und 45 €, viel zu teuer, um damit Fische zu ködern, günstig aber für den Anbau. Eine indoor gezogene und abgeerntete Pflanze bringt einen Ertrag zwischen 30 und 70 Gramm, eine Outdoor-Pflanze je nach Sorte und Pflege bis zu 500 Gramm. Ich hatte selbst ein paar Samen eingepflanzt und vier selbst gezogene Pflänzchen im Mai in den Garten meiner Mutter gesetzt. Ich habe sie täglich begossen und gedüngt, bis Anfang Oktober hatten sie eine Höhe von fast zwei und eine Breite von einem Metern erreicht. Der Anblick war stattlich und der Geruch betörend, sie waren reif zur Ernte. Die vier Pflänzchen brachten knapp ein Kilo Ertrag, den ich zum Eigenbedarf für mich und meine Freunde zur Seite legte.

Im Sommer 2007 kam ein Reporter der Frankfurter Allgemeinen Zeitung in den Laden. Er wollte eine Reportage über den Hanfanbau in Deutschland schreiben und fragte mich, ob ich ihm diesbezüglich mit Informationen weiterhelfen könne und ob er einen Bericht über mich und einen Teil meines Lebens in der FAZ veröffentlichen dürfe. Er hielt meine Lebensgeschichte für interessant und schrieb einen langen Artikel, der unter dem Titel „Karate-Peters poetische Ader“ 2007 erschien.

Frankfurt

Karate-Peters poetische Ader

Peter Müller hat sich aus dem Zwielicht gereimt / Ein Leben mit vielen Umleitungen

Zu der Zeit gab es in Frankfurt echt beschissenes Gras zu kaufen, es war mit Vogelsand und manchmal sogar mit Glasfasern gestreckt. Einige Kiffer waren nach dem Einatmen der Glasfasern gestorben. Ein paar gute Bekannte fragten mich, ob ich Gras aus Holland besorgen könne, ich hätte doch gute Kontakte. Auch weil ich selbst mit Vorliebe täglich meine Joints rauchte, selbst nur kleine Mengen anbauen konnte und mit dem in Frankfurt angebotenen Gras nicht zufrieden war, nahm ich Kontakt zu einem mir bekannten Holländer auf. Ich bestellte 1 Kilo Gras für 3.700 €, das mir an eine vereinbarte Stelle geliefert wurde. Ich gab die Ware für 4.200 € an meine Bekannten weiter und behielt 50 Gramm zum Eigenverbrauch für mich. Die Geschäfte liefen gut und ich konnte etwas Kohle ansparen.

Vom Täter zum Opfer

An einem Sonntag im Juli 2000, war es so heiß, dass ich alle Fenster und auch die Tür zum Balkon geöffnet hatte. Ich wohnte in einer 4-Zimmer-Wohnung in Harheim und Blazenka übernachtete bei mir. Als wir abends ins Bett wollten, wunderte sie sich darüber, dass ich die Tür wieder schloss.

„Hör mal, ich habe über 20.000 € in der Wohnung und keinen Bock, im Schlaf ausgeraubt zu werden", sagte ich zu ihr in Zimmerlautstärke.

Es muss eine Art Vorahnung gewesen sein, denn als ich an diesem Abend nach Hause kam und die Geld-Kiste aus dem Schrank nahm, um meine Tageseinnahmen reinzulegen, war meine gesparte Kohle weg. Ich war furchtbar geschockt, fing sofort an zu schwitzen, weil mir klar wurde, dass ich während meiner Abwesenheit bestohlen worden war. Ich suchte nach Einbruchsspuren, nichts zu finden, die Wohnungstür war mit einem Schlüssel geöffnet worden. Außer mir und meiner Schwester besaß nur der Vermieter einen Schlüssel. Vielleicht hatte da jemand an der Tür gelauscht. Schnell kam mir ein Verdacht, wer der Übeltäter gewesen sein konnte, rief die Polizei an und meldete den Einbruch. Die Spurensicherung fand tatsächlich einen Ohrenabdruck an der Wohnungstür, verwertbare Fingerabdrücke an der Geld-Kiste waren jedoch nicht zu finden.

Ich hatte echt einen dicken Hals, ich wusste genau, wer mich bestohlen hatte, aber es fehlten mir die Beweise. Nun ärgerte ich mich, die Bullen eingeschaltet zu haben, in Eigeninitiative hätte ich den Fall schnell und sicher gelöst. Ich stellte augenblicklich meine Mietzahlungen ein und teilte dem Vermieter durch meinen Rechtsanwalt mit, dass ich erst nach Klärung des Einbruches wieder Miete zahlen würde, da mein Wohnungsschlüssel frei für jede sich in seiner Wohnung aufhaltenden Person zu erreichen sei. Wie zu erwarten erhielt ich eine Räumungsklage. Der Rechtsanwalt meines Vermieters bot mir den Erlass der sogenannten Mietschulden an, wenn ich die Wohnung bis April 2008 räumen würde. Wenn der Vermieter den Rest zur Summe des gestohlenen Geldes dazulegen würde, hätte ich damit kein Problem, war meine Antwort. Wir einigten uns dann darauf, dass ich die Wohnung bis September 2008 miet- und auch nebenkostenfrei bewohnen konnte. Das Verfahren gegen den Vermieter wurde eingestellt.

Jetzt mal ehrlich: Auf solche Summen freiwillig verzichten, wer tut denn so was? Da hatte doch jemand Dreck am Stecken. Von Blazenka war ich mal wieder getrennt, das war ein Hin und Her, mal waren wir zusammen, dann wieder getrennt. An Geschäftsideen mangelte es mir indes nicht. Ich hatte etwa 5 km von meinem Laden in Frankfurt/Höchst eine alte Schlosserei gemietet und baute die Räumlichkeiten um. Ich errichtete ein Büro, von dem aus ein neu eingestellter Mitarbeiter einen Online-Shop betreiben sollte. Ein großer Raum sollte als Ausstellungs- und Verkaufsraum eingerichtet werden. Dort sollten vorwiegend Erde, Lampen, Pflanzendünger und andere Grow-

Artikel zum Kauf angeboten werden. In der von mir geplanten Größe gab es im Rhein-Main-Gebiet keinen vergleichbaren Laden.

Durch Vermittlung einiger Graslieferungen verdiente ich gutes Geld, ein schlechtes Gewissen wegen der Illegalität der Ware hatte ich nicht, für mich handelte es sich bei Gras und Haschisch keineswegs um eine harte Droge. Für mich zählte diese Ware zu den Genussmitteln, die ich als lange nicht so suchtgefährdend wie etwa Alkohol einschätzte. Leider sieht es das Gesetz etwas anders.

Haschte gekifft?

Lange Jahre war ich ausschließlich den Sprinter oder das Verkaufsfahrzeug gefahren, nun hatte ich Lust auf ein vernünftiges Auto. Ich machte eine Probefahrt mit einem Audi Q7 und war so begeistert von diesem Fahrzeug, dass ich mir sofort einen bestellte. Im September 2007 besuchte ich eine Esoterikmesse in Stuttgart und lernte ein hübsches Mädel kennen, das dort einen Messestand betrieb. Wir tauschten unsere Telefonnummern aus, und telefonierten in den darauf folgenden Tagen öfters miteinander. Moni war gebürtige Kroatin und wohnte ganz in der Nähe von Stuttgart. An einem Wochenende besuchte ich sie und wir gingen zusammen aus. Wir waren dann auch ganz schnell fest zusammen, mal besuchte ich sie in Stuttgart, mal sie mich in Frankfurt. Sie war radikale Nichtraucherin, hatte sich das Rauchen vor Jahren abgewöhnt, daher bemühte ich mich, in ihrer Gegenwart nicht zu rauchen. Ich rauchte eh kaum Zigaretten, ich kiffte lieber. Na ja, gegen das Kiffen hatte sie auch etwas, wenn wir telefonierten, fragte sie mich immer: „Haschte gekifft?“ Das ist mir mit der Zeit echt auf den Sack gegangen.

Im Oktober 2007 wurde mein neues Fahrzeug ausgeliefert und ich hatte endlich mal wieder ein geiles Auto unter'm Arsch. Ich hatte das Auto geleast und eine hübsche Summe angezahlt, die monatlichen Leasinggebühren konnte ich von der Steuer absetzen – das war ja jetzt mein Firmenwagen. Im Nachhinein hätte ich mich mal besser an meinen früheren Grundsatz gehalten und den Ball flach gehalten. So ein Schlitten sorgt schon für Aufmerksamkeit – auch dort, wo man sie nicht will.

Ich war in Hochstimmung und machte Pläne, weitere Headshops auf Ibiza aufzumachen, um dort u. a. Magic Mushrooms zu verkaufen. Im November flog ich mit einem Freund auf die Baleareninsel. Ferry, ein anderer Freund aus Frankfurt, der schon seit 15 Jahren auf Ibiza lebte und dort Immobilien verkaufte, half uns bei der Ladensuche. In San Antonio wurden wir schnell fündig und baten Ferry, den ausgesuchten Laden für uns anzumieten. In San Antonio verbringen vorwiegend Engländer ihre Ferien, die es verstehen zu feiern – genau die richtige Kundschaft für unsere Mushrooms. In Ibiza-Stadt fanden wir ein weiteres Ladenlokal, von wo aus wir den Rest der Feiergemeinde beliefern wollten. Wir wollten mein Verkaufsfahrzeug, das *Bope-Mobil* nach Ibiza bringen und es bei den zweimal wöchentlich stattfindenden Hippie-Märkten aufstellen. Um uns rechtlich abzusichern, suchten wir eine auf Ibiza lebende, deutsche Anwältin auf und beauftragten sie damit, herauszufinden, ob die Einfuhr und der Verkauf der Magic Mushrooms auf Ibiza legal wären. Während sie recherchierte, kehrten wir nach Frankfurt zurück und schmiedeten eifrig an unserem Plan, zukünftig im Ferienparadies zu arbeiten. Leider konnte uns die Anwältin kein grünes Licht geben: Der Verkauf unserer Pilze sei auf Ibiza verboten.

Aus der Traum. Mich hatte die Sache schon sehr gereizt, aber wir hatten keinen Bock auf Ärger mit den Behörden und so ließen wir die Sache bleiben.

Mit meiner schwäbischen Freundin und ihrem Sohn besuchte ich an Weihnachten 2007 ihre Eltern in Kroatien. Für mich war es der erste Urlaub seit meiner Selbstständigkeit. Mir tat die Woche ohne Handy und andauernder Zeitnot mal so richtig gut. In Bope's Planet Frankfurt/Höchst lief der Umsatz sehr gut, das Lagergeschäft mit dem Online-Shop war auch kurz vor der Eröffnung, nur Bope's Planet/Friedberger Landstraße schwächelte bedenklich. Die Umsätze waren richtig im Keller, und ich entschloss mich, ein Geschäft im Bahnhofsviertel anzumieten und den Mietvertrag für die Friedberger Landstraße zu kündigen. In der Taunuspassage, direkt im Zentrum des Frankfurter Rotlichtviertels, fand ich die geeigneten Räumlichkeiten. Der Laden hatte eine zweite Etage, die man über eine Wendeltreppe erreichen konnte. Oben wollte ich ein Tattoo- und Piercingstudio einrichten, unten den Headshop mit Bongs, Papers und Kleidung. Mit Werbeflyern, die in den umliegenden Bordellen verteilt werden sollten, wäre der Laden sehr schnell bekannt und gut besucht gewesen. Die Miete war mit knapp unter 4.000 € in Ordnung, der Mietvertrag lag zur Unterschrift bereit – doch es sollte anders kommen als erwartet.

In der Nacht zum 1. Mai gab es wieder eine Party in *Bope's Garten*. Es waren viele Gäste dort. Natürlich konnte man nicht alle kennen und so hatten sich unbemerkt Leute von der Kripo unter die Partygäste geschmuggelt. Ich war ohne es zu bemerken ins Visier der Justiz geraten. Wie sehr, dass sollte sich aber erst später herausstellen.

Kurze Zeit später trennte ich mich von Moni. Ihr ständiges „Haschte gekifft?" reichte mir endgültig, genug war genug! Hatte dieses Mädel nicht gemerkt, dass sie mich mit ihrer Kontrollsucht nervte? Unsere Trennung verlief ohne Probleme, auch sie hatte begriffen, dass es mit uns nicht passte. Ich machte mir darüber keinen Kopf mehr und kümmerte mich um die Geschäfte.

Eine Handvoll Knast

Eine Lieferung Gras aus Holland war nicht zum vereinbarten Termin angekommen und die Abnehmer machten etwas Druck. Ich fuhr zum Graslieferanten nach Holland, um einen schnellen Deal zu vermitteln. Zur Übergabe bat ich dieses Mal Jo, mitzukommen. Er hatte bis dahin mit diesen Deals nichts zu tun. Seine Aufgabe war es, nach der Übergabe die Ware gleich wegzubringen.

Am 20. Mai traf ich mich mit Jo auf dem Parkplatz des Lidl-Marktes auf der Mainzer Landstraße in Frankfurt am Main. Der Kurier aus Holland nahm die Bahn und kam dann vom Hauptbahnhof mit dem Taxi zur verabredeten Stelle. Er übergab Jo, der an einer anderen Ecke des Parkplatzes im Auto wartete, einen großen Rollkoffer, in dem sich 6 kg feinstes Gras befanden. Jo fuhr mit der Ware weg, um sie in den Bunker zu bringen. Der Kurier lief zu meinem Auto und setzte sich auf den Beifahrersitz. Im Kofferraum meines Autos lag ein Koffer, der genauso aussah wie der, den er Jo übergeben hatte. Im Koffer befand sich außerdem ein als Geschenk verpackter Schuhkarton, in dem sich ganz genau vorher von mir abgezählte 32.450 € befanden. Ich fuhr den Kurier zum Hauptbahnhof, er nahm den Koffer und machte sich wieder auf den Weg nach Holland. Ich fuhr zurück zu meinem Laden in Höchst.

Plötzlich bremsten zwei Kastenwagen mit quietschenden Reifen genau vor dem Laden. Etwa ein Dutzend vermummter Gestalten rannte laut schreiend auf mich und meine Mitarbeiter zu, riss uns von der Bank und schlug wie irre auf uns ein. Ich hatte die Hände zum Schutz vor den Kopf gehalten, die Männer traten mit mehr als vier Füßen auf mich ein, sie schrien immerzu „Hände weg“, sie wollten mich richtig im Gesicht treffen.

Mit Kabelbindern wurden meine Hände auf den Rücken gefesselt, auch die Füße wurden verschnürt. Meine Augenbraue war durch die Schläge und Tritte aufgeplatzt, das Blut lief mir durchs Gesicht und mein rechtes Schulterblatt tat weh wie die Hölle, da war irgendwas kaputt.

Mittwoch, 21. Mai 2008 0,60 €

Bild
UNABHÄNGIG · ÜBERPARTEILICH
FRANKFURT

Zugriff

Peter M. (links) wird von einem Zivil-Fahnder abgeführt

Polizei nimmt Hasch-Händler fest

Sie schnappten ihn vor seinem Laden für Kiffer-Utensilien: Peter M. (53) soll kiloweise Hasch gehandelt haben. Schon in den 1990er Jahren fing der Frankfurter als Cannabis-Großhändler zehn Jahre, saß sieben davon ab. Kurz nach der Haftentlassung wurde er mit Rauschpilzen erwischt.

Dann baute Peter M. ein legales Geschäft auf. In Höchst und im Nordend eröffnete er Head Shops – Läden, in denen legales Zubehör zum Haschen und zum Hanf-Anbau verkauft wird. Pfeifen, Waagen, Dünger, Wärmelampen.

Aber seine verbotenen Geschäfte gingen weiter, Polizei erfuhr: Er erwartet wieder eine Lieferung. Um 12 Uhr mittags der Zugriff. Peter M. wird vor seinem Laden in der Königsteiner Straße festgenommen. Dort finden die Ermittler 6 Kilo Gras, ein Luftgewehr. Zeitgleich schnappen Kollegen im Gallusviertel den Geschäftspartner (22) des Alt-Dealers und einen niederländischen Kurier mit 6,5 Kilo Marihuana. Alle drei ab zum Haftrichter.

Auch der Zollfahndung gelang ein Schlag gegen Drogen-Gangster: Sie nahm in Frankfurt und Essen drei Männer (30-42) fest, die über eine Scheinfirma Essigsäurehydrid besorgt hatten. Ein Grundstoff zur Heroin-Herstellung. 300 Liter der Chemikalie – ausreichend für 100 Kilo Heroin – wurden sichergestellt. kg

Im Transporter sagten sie mir, die Schläge hätte ich dafür kassiert, dass ich einem ihrer Kollegen bei einer Festnahme den Unterkiefer mit einem Kick gebrochen hätte. Da musste ich erstmal schwer nachdenken: Am Vatertag 1978 war ich wegen einer Schlägerei in Alt-Sachsenhausen mit reichlich Alkohol im Blut festgenommen worden. Meine Arme waren mit Handschellen auf den Rücken gefesselt, ein Bulle wollte mir einen Schlag versetzen, ich gab ihm den Kick, Unterkiefer war hin, das war's eigentlich. Der Vorfall war dreißig Jahre her, aber die Bullen hatten sich richtig gefreut, mich so zuzurichten. Diese Helden, ach, was waren sie stolz darauf. Auch auf dem Polizeipräsidium blieben sie maskiert, weil sie wohl Angst hatten, wir könnten uns später einmal wieder begegnen. Ich galt wegen des Vorfalls von 1978 als gewalttätig und der Name „Karate-Peter" tat das seinige dazu.

Wie ich später erfuhr, hatten sie Jo kurz nach seiner Abfahrt vom Parkplatz mit mehreren Wagen auf der A66 von der Fahrbahn gedrängt und gestellt – mit ihm natürlich der ganze Stoff. Dadurch war klar, dass wir schon seit Wochen beobachtet und observiert worden waren. Unter meinem Wagen war ein Peilsender angebracht worden, alle Telefone waren abgehört, die Läden und meine Wohnung überwacht worden.

Ich wurde in eine Zelle geschlossen, später wurde ich fotografiert, Fingerabdrücke wurden genommen, der übliche Scheiß halt. Ich hatte richtig schlimme Schmerzen im rechten Schulterblatt und bat um einen Arzt. Etwas später kamen zwei Sanitäter der Frankfurter Feuerwehr, die mich untersuchten, aber nichts feststellen konnten. Dann ging eine Klappe in der Tür auf. Ein Kripomann, der meine Wohnung in Harheim durchsucht hatte, reichte den von mir 1996 geschriebenen Gedichtband *Gedichte aus dem Knast* in die Zelle und bat mich, es für ihn zu signieren. Nachmittags wurde ich mit gefesselten Händen nach Weiterstadt zur dortigen JVA gekarrt. Als ich den Bus verließ, rief mir ein Beamter zu „Hey, Müller, siehst ja echt scheiße aus."

Ich schaute ihn an und erkannte in ihm den Sportbeamten, mit dem ich in der JVA Frankfurt/Preungesheim 1992 – als ich wegen Kokainhandels in U-Haft saß – als Sporthausarbeiter zusammengearbeitet hatte. Er war in Ordnung und ein cooler Typ. Ich sagte ihm, dass mein Anblick aus den Händen und Füßen seiner beschissenen, feigen Bullen-Kollegen stamme, die mich bei meiner Festnahme ohne Gegenwehr so übel zugerichtet hätten. Ich setzte ihn auch direkt von meinen Schmerzen im rechten Schulterblatt und meinem Verdacht, es könnte gebrochen sein, in Kenntnis. Er versprach mir, dass ich nach Aufnahme und Einkleidung auf der Kammer sofort zum Röntgen gefahren werden würde. Etwa eine Stunde später wurde ich, wieder an Händen und Füßen gefesselt, begleitet von vier Justizbeamten, zum Krankenhaus gefahren. Vom Parkplatz bis zur Aufnahme des Krankenhauses war es für mich mit den Fußfesseln, in denen man wie auf Eiern lief, ein schwieriger Weg.

Mein Schulterblatt war tatsächlich angebrochen. Die Heilung der Fraktur würde sechs, die Schmerzen etwa eine Woche anhalten. Ich bekam Schmerzmittel und wurde in die JVA zurückgebracht. Es folgte eine unruhige Nacht, in der mich Höllenschmerzen plagten, und ein Morgen ohne Frühstück. Nach dem Mittagessen gab es eine Stunde Freizeit, da wurden die Zellentüren geöffnet, man konnte in den Fernsehraum gehen oder andere Zellen besuchen. Ich schaute mich bei den Mitgefangenen um, ob ich jemanden kannte, entdeckte aber kein vertrautes Gesicht. Keine Chance, mir Kaffee, Zigaretten, Tabak und Blättchen auszuborgen, auf der Zugangsstation waren alle erst angekommen, und noch niemand hatte Einkauf.

Ich hatte mir bei der Haftprüfung mit Einverständnis des Haftrichters von meinem Rechtsanwalt 300 € übergeben lassen, die ich bei der Ankunft in der JVA direkt auf der Kasse für mich einzahlen ließ. Bis zum Einkauf dauerte es aber noch fast eine Woche, ich fand dann einen Hausarbeiter, der mich bis zum Einkauf mit Kaffee und Tabak versorgte. Beim Einkauf bestellte ich mir das Nötigste zu essen, trinken und rauchen, auch einen Fernseher, der von der Anstalt innerhalb einer Woche verplombt und mir dann ausgehändigt wurde. Ich bekam mehrmals am Tag Schmerzmittel und vertrieb mir die Zeit mit schlafen und lesen. Ich hatte ein paar Bücher aus der Bücherei besorgt, mit dem Lesen der Zeilen hatte ich aber meine Probleme, weil ich keine Lesebrille bei mir hatte. Die ersten zwei Wochen im Gefängnis fallen richtig schwer, aber wenn der erste Einkauf und ein TV-Gerät in der Zelle sind, geht es ein wenig besser.

Ein Beamter fragte mich, ob ich Lust hätte, als Hausarbeiter eingesetzt zu werden? Und ob ich die hatte, für Hausarbeiter sind die Zellentüren von morgens bis abends unverschlossen, man kann duschen oder auch in der Stationsküche etwas kochen, ist schon eine kleine Freiheit. Um den Job zu bekommen, musste ich eine Urinprobe abgeben. Ein Beamter überreichte mir einen Plastikbecher, ich pinkelte rein und gab ihn zurück. War ja klar, dass die THC-Werte hoch waren, ich hatte ja draußen kontinuierlich gekifft. Man kann THC bis zu sechs Wochen im Urin feststellen. Ich bekam auch kein Problem deswegen, der Beamte meinte nur, ich müsste in nächster Zeit mehrmals Urin abgeben, die Werte dürften nur nicht steigen, erst bei niedrigeren Werten könne ich als Hausarbeiter eingesetzt werden.

Dank meines Anwaltes und meiner Familie hatte ich bald eine Lesebrille und persönliche Kleidung auf der Zelle. Briefe an den Anwalt wurden ohne Gerichtskontrolle direkt per Post verschickt, private Post brauchte ewig. Blazenka, zu dieser Zeit gerade mal wieder meine Ex, war in Kur. Wir hatten vor meiner Festnahme noch miteinander telefoniert, und ich hatte sie eigentlich in der Kur besuchen wollen. Ich schrieb ihr einen Brief, auf dessen Antwort ich sieben Wochen warten musste. Die Post wurde von der JVA zur Staatsanwaltschaft nach Frankfurt gebracht, dort geprüft und anschließend weitergeschickt. Die an mich adressierte Post wurde von der JVA zur Staatsanwaltschaft und dann zu mir geschickt, ein echt ätzendes Prozedere.

Chronologie meiner Verhaftung
Es hat gescheppert und geknallt
Vorsicht – Polizeigewalt,
beide Augen zugeschlagen
ohne lange nachzufragen,
das Schulterblatt auch angebrochen,
bis auf den Knien ich gekrochen
wie ein Säckchen wurd' geschnürt
voller Stolz dann abgeführt,
man hat sich richtig ausgetobt
gegenseitig hoch gelobt,
für diese miese Heldentat
und mich aufs Revier gekarrt,
als ich dort endlich angekommen
von den Schmerzen ganz benommen,
in eine Zelle reingesteckt
total verbeult und halb verreckt,
hat es niemand interessiert,
dass ich dort wahrlich halb krepiert,
an ganzen Körper hart geschunden
musst warten über dreißig Stunden,
bis ein Arzt mich untersuchte
Schulterbruch bei mir verbuchte,
ich hasse Euch von ganzem Herzen
für diese üblen, schlimmen Schmerzen ...

Undichte Stelle

Ich hatte noch immer Schmerzen im Schulterblatt, aber wenigstens bekam ich endlich Besuch vom Anwalt. Er überreichte mir die polizeiliche Aussage von Fips, der bei mir in der Grow-Abteilung beschäftigt gewesen und bei meiner Verhaftung auch vorübergehend festgenommen worden war. Er hatte mit nichts was zu tun gehabt, er hätte nur den Mund halten müssen und hätte wieder gehen können. Ich kannte ihn aus der Zeit meiner U-Haft in der JVA Koblenz, er war tief gefallen, war HIV-positiver Junkie auf Methadon und Polymedon, weswegen ich ihm einen Job im Laden gegeben hatte. Und jetzt das: Anstatt dichtzuhalten, hatte er uns alle belastet – Björn, Jo und auch mich. Wir hatten ihn in unsere Familie aufgenommen, und dieses miese Junkie-Schwein hängte uns hin. Er hatte bei seiner Verhaftung Angst, die Polizei würde eine Wohnungsdurchsuchung bei ihm machen, seine kleine private Hanfplantage und noch einige andere illegale Gegenstände in der Wohnung auffinden. Auch er hatte sich einige Kilo Gras von mir vermitteln lassen, keiner von uns hatte ihn damit belastet, wir waren eben keine Verräter.

Der Hammer war, dass er nach seiner Aussage am nächsten Morgen im Laden erschien, als sei nichts geschehen, und seiner Arbeit nachging. Aber nicht mit mir, er musste den Laden verlassen und wird mir immer in schlechter Erinnerung bleiben.

Mein Q7 war bei meiner Festnahme von den Bullen beschlagnahmt und meiner Schwester, der ich alle Vollmachten gegeben hatte, nicht mehr ausgehändigt worden, also überwies sie auch keine Leasinggebühren mehr. Die Leasingfirma konnte das Fahrzeug als ihr Eigentum aus dem Polizeigewahrsam holen, gab es aber auch nicht an meine Schwester als Vertreterin des Leasingnehmers zurück. Ich selbst befand mich in Haft und konnte keinen Einfluss auf all diese Geschehnisse nehmen. Das Fahrzeug wurde veräußert, ich bekam keinen Euro der bis zu diesem Zeitpunkt bezahlten 30.000 € zurückgezahlt, im Gegenteil, ich musste nach Gerichtsbeschluss auch noch die Leasinggebühren für die Zeit der Beschlagnahme entrichten.

Es ist schon interessant, wie man als angeblich Hoch-Krimineller in deutschen Gefängnissen behandelt wird. Bei einem Besuch meiner Familie saß ein Justizbeamter mit am Tisch, um die Gespräche zu überwachen. Das war von der Staatsanwaltschaft so angeordnet. Wir besprachen lediglich, was mit den Läden passieren sollte. Bei meiner Verhaftung wurden aus dem Tresor in meiner Wohnung, den ich mir nach dem Einbruch angeschafft hatte, 11.500 € beschlagnahmt. Im Tresor hatte auch der Steuerbescheid des Finanzamtes in Höhe von 6.500 € gelegen, den hatten die Bullen liegengelassen. Die beschlagnahmte Kohle wurde nicht mehr freigegeben. Um die Steuerschuld zu bezahlen, hatten wir beschlossen, den Sprinter, das Verkaufsfahrzeug und auch den Wohnwagen zu verkaufen. Bope's Planet Friedberger Landstraße sollte ausgeräumt, das Mobiliar ins Lager und die Ware zu Bope's Planet Frankfurt/Höchst gebracht werden. Dieser Laden sollte von Viktor, dem Tätowierer, unter der Kontrolle meiner Familie weitergeführt werden.

Die halbe Stunde Besuch alle zwei Wochen war echt zu wenig, um alle Probleme besprechen zu können, aber damit musste ich klarkommen, ich war ja im Knast und nicht auf einem Wunschkonzert. Nach zwei Wochen ließ der Schmerz in meinem Schulterblatt endlich nach, das war schon mal ein Schritt in die richtige Richtung. Mein Anwalt schrieb mir, mein Telefon sei überwacht worden. Nichts Weltbewegendes, ein paar Gespräche mit Großhändlern wegen Warenbestellungen, ein paar versaute Gespräche mit meiner Freundin, einige Gespräche mit Ilfan, meinem türkischen Freund, der sich noch in Haft in der JVA Tegel befand. Ich schickte ihm hin und wieder ein Fresspaket in den Knast, aber die Bullen glaubten, ich hätte ihm Hasch in den Knast gescmuggelt. Wie stellten die sich das vor? Da sieht man, wie krank die Jungs von der Kripo in ihrem Denken sind. Jedes Paket wird auf der Kammer der JVA genauestens überprüft und durch einen Scanner geschickt, da kann man nicht kiloweise Dope reinschicken.

Meine Observation und Verhaftung entstand durch die anonyme Anzeige einer von der Staatsanwaltschaft nicht genannten Person, welche dort vorgesprochen hatte, und mich des Drogenhandels in größerem Stil verdächtigte. Die Staatsanwaltschaft ging von 500 Kilo aus, die ich vermittelt haben sollte. Weil in meinen Läden auch kleine Klappmesser und Teleskopstangen verkauft wurden, hatte man mich auch noch des Waffenhandels angeklagt. Ich wurde verdächtigt, im Laden, wo man auch 6 Kilo aufgefunden hatte, Marihuana unter der Theke verkauft zu haben. Dabei handelte es sich um staatlich geprüften und zugelassenen Hanf, der männlich und somit THC-frei ist. Er war mit Rechnung beim Händler eingekauft und als Räucherhanf verkauft worden. Die Staatsanwaltschaft machte eine Menge Wind um diese Sache. Ich sei schon 27-mal strafrechtlich in Erscheinung getreten, unter anderem wegen Zuhälterei. Was ein Schwachsinn, niemals war ich wegen Zuhälterei vor Gericht, und wie, wo oder wann ich 27-mal dem Staatsanwalt in Erscheinung getreten sein soll, war mir auch nicht bekannt. Wahrscheinlich in seinen Träumen. Aber das nützte nichts, er hatte sich einfach an mir festgebissen, er wollte so kurz vor seiner Rente nochmals einen ganz großen Fisch dingfest machen.

Während der täglichen Freistunden fing ich an, auf dem Rasen Sit-ups zu machen. Vor meiner Verhaftung hatte ich fünfmal in der Woche 1–Stunden Krafttraining und Bauchübungen gemacht. Zu Trainingsbeginn hatte ich immer 1.000

Sit-ups am Stück gemacht. Dieses Training der Bauchmuskulatur war ich seit Jahren durch den Karatesport gewohnt. Innerhalb einer Woche war ich wieder in der Lage, die 1.000 Stück zu machen.

Jo wurde bei seiner Haftprüfung nach drei Wochen U-Haft mit Meldeauflagen und elektronischer Fußfessel entlassen. Jetzt saßen noch der holländische Kurier und ich in Untersuchungshaft. Björn, der durch die Aussage von Fips, dem Verräter, auch belastet worden war, hatte sich im Beisein seines Anwaltes bei der Polizei gestellt und konnte mit Meldeauflagen und elektronischer Fußfessel in Freiheit bleiben.

Aus meinem Hausarbeiterjob wurde dann auch nix, weil der Sicherheitsdienstleiter Bedenken wegen meiner Person hatte. Ich sei zu gefährlich. Was sollte der Scheiß? Da waren Räuber, Mörder und auch Kinderficker als Hausarbeiter eingeteilt, ich war wegen Marihuana-Handel in Haft, was hatten die sich denn eingefahren, mich als gefährlicher einzustufen als solcherlei Leute?

Normalerweise ist man zwei Wochen auf Zugang im A-Haus, mich hat man sieben Wochen dort schmoren lassen. Dort hat man noch keine Möglichkeit, am Sport oder sonstigen Veranstaltungen teilzunehmen. Als ich endlich ins F-Haus verlegt wurde, bezog ich eine Einzelzelle im zweiten Stock. Wenn ich aus dem Zellenfenster schaute, konnte ich über die Außenmauer, hinter der sich Spargelfelder befanden, bis hin zur Autobahn sehen. Was nützte mir das? Ich war eingesperrt, das war die Realität.

Luxusknast

Die JVA Weiterstadt hatte den Ruf, ein Luxusknast zu sein. Es wurde in den Medien viel darüber berichtet, aber mal ehrlich: Knast ist Freiheitsentzug der schlimmsten Art, was ist daran luxuriös, wenn man eingesperrt und unmündig ist? Man hat in Weiterstadt die Möglichkeit, dreimal wöchentlich Kraftsport zu machen, Fußball, Volleyball oder Tischtennis zu spielen. Es gibt auch ein Hallenbad, in dem man einmal in der Woche, nach Antrag und Genehmigung, unter Aufsicht für eine Stunde schwimmen kann. Schön und gut, aber Leute, das ist doch kein Luxus, es ist vielmehr sehr wichtig und nötig, dass die Inhaftierten eine Möglichkeit bekommen, ihren Frust, den Schmerz und die Trauer um die verlorene Freiheit irgendwie abzureagieren. Und der beste, schnellste und einfachste Weg, sich abzureagieren, ist der Sport. Man muss sich die Situation der Gefangenen in U-Haft mal vorstellen: In Untersuchungshaft genommen wird man wegen Flucht- oder Verdunkelungsgefahr, man ist noch nicht von einem Gericht schuldig gesprochen worden, also ist man dementsprechend zu behandeln. Das Essen ist, na ja ich sage mal, nicht ganz so schmackhaft oder deutlicher – es schmeckt beschissen. Auf der Station ist von früh 8.30 Uhr bis 11.30 Uhr die Zellentür geöffnet, man kann duschen und sich frei auf der Station bewegen. Um 12 Uhr gibt es Mittagessen und von 13.30 bis 14.30 Uhr ist Freistunde im Innenhof. Den Rest der Zeit ist man weggeschlossen, alle zwei Wochen Besuch für eine halbe Stunde unter Aufsicht, die ein- und ausgehende Post wird zensiert und braucht Wochen, bis sie den Adressaten erreicht. Es gibt keinen Luxus im Knast!

Ich hatte schwerste Depressionen, saß hilflos im Bau, und draußen verlor ich alles, was ich mir in meiner Selbstständigkeit aufgebaut hatte. Die Umsätze im Laden waren rapide gefallen, Viktor, der Tätowierer, dem das Vertrauen geschenkt wurde, den

Laden zu führen, nahm es mit den Tagesabrechnungen nicht ganz so ernst und steckte sich viele Euro in die eigene Tasche. Solche Nachrichten zu bekommen und nichts tun zu können, ist frustrierend.

Nach knapp drei Monaten Untersuchungshaft wurde der holländische Kurier gegen Zahlung einer Kaution in Höhe von 15.000 € aus der Haft entlassen. Jetzt war nur noch ich in Haft und schöpfte Hoffnung, auch sehr bald diesen Ort des Grauens verlassen zu können. Eines Abends brachte *Maintower* einen Bericht über einen Mann, der seine eigene Tochter missbraucht und auch noch an andere Männer zum sexuellen Missbrauch vermittelt hatte. Das Gesicht des Kinderfickers war ein wenig unkenntlich gemacht, doch ich und auch viele andere Mitgefangene erkannten in der Person einen unserer Hausarbeiter wieder. Bei der Frühstücksausgabe hat es dann gescheppert, und er bekam, was im Falle von Kinderschändern üblich ist, seine Schläge. Es wird ja immer mal wieder darüber berichtet und es ist tatsächlich so, dass Kinderschänder – oder auch Kindesentführer – im Knast auf der untersten Stufe stehen, sie werden von allen anderen verachtet. Wo und wie auch immer möglich, bekommen sie Dresche. Das führt dazu, dass sie von den anderen fern gehalten werden müssen, also förmlich in Einzelhaft leben. Für mich ist das völlig in Ordnung – wenn ich noch zum Zuge gekommen wäre, hätte ich ihm auch ein paar mitgegeben. Er wurde zu seinem eigenen Schutz in eine andere JVA verlegt, und ich bekam die freie Stelle als Hausarbeiter. Von nun an musste ich mir eine Doppelzelle mit einem Hausarbeiter-Kollegen teilen, aber die Haft war so etwas erträglicher: Ich hatte Beschäftigung und die Türen waren von Auf- bis Wiedereinschluss durchgängig geöffnet. Abends um 18 Uhr wurden die Zellen zum Nachteinschluss verriegelt, ich schaute Fernsehen, schrieb Briefe und Gedichte, um die Zeit zu zerschlagen.

Ein Sprung auf der Karriereleiter,
bin im Knast jetzt Hausarbeiter,
bis früh's um sechs den Schlaf genossen,
wird die Tür dann aufgeschlossen,
das heißt für mich gleich aufzusteh'n,
um meiner Arbeit nachzugeh'n,
ich schnappe mir dann meinen Besen,
um den Schmutz vom Flur zu lösen,
dann muss ich hier vor allen Dingen
die Küche auch auf Hochglanz bringen,
Töpfe, die wir hier benutzen
wieder richtig sauber putzen,
um elf Uhr dreißig mich befleißen
mit der Verteilung edler Speisen,
am Abend noch den Duschraum säubern,
der benutzt von vielen Räubern,
um siebzehn Uhr klatsch' in die Hände
Feierabend – endlich Ende,
dass ich nun hier den Putzmann spiel',
war wirklich nicht mein Lebensziel,
doch hilft mir nicht das Lamentieren,
darf nur nicht den Humor verlieren,
denn diese Zeit hier ist vergänglich,
kriege ja nicht lebenslänglich ...

Blazenka besuchte mich seit ihrer Rückkehr aus der Kur regelmäßig alle zwei Wochen. Als sie zur Genehmigung der ersten Besuchserlaubnis beim zuständigen Staatsanwalt vorsprach, fragte er sie, weshalb sie mit so einem Kriminellen wie mir zusammen sei. Der Versuch der Staatsanwaltschaft, soziale Bindungen zu zerstören, hilft weder den Ermittlungen noch einer Resozialisierung des in Untersuchungshaft genommenen und noch nicht verurteilten Häftlings, das ist einfach nur böse. Mein Anwalt teilte mir bei einem Besuch mit, die 27. Strafkammer des Landgerichts Frankfurt sei für unsere Sache zuständig. Diese Kammer ist von allen Rechtsanwälten und Angeklagten gefürchtet, weil sie stets hohe Haftstrafen ohne jegliche Verhandlungsbasis verhängt. Am 21. Oktober 2008 fand mein Haftprüfungstermin im Landgericht Frankfurt statt. Um 6 Uhr musste ich aufstehen, um 6.30 Uhr wurde ich abgeholt und mal wieder mit Handschellen gefesselt in eine Zelle des bereitstehenden Knastbusses geschlossen. Mit noch einigen anderen Häftlingen, die auch irgendwelche Termine bei Gericht hatten, wurde ich nach Frankfurt gekarrt. Bei solchen Fahrten wurde mir immer etwas bange. Was würde passieren, wenn wir verunglückten und der Scheiß-Bus zu brennen anfinge, sich überschlüge oder sonst was?

Von Weiterstadt, dem Horrorort
geh' zu Gericht ich auf Transport,
an beiden Händen angeschellt,
das tut weh – verrückte Welt,
der Wärter sagt, das sei ein Muss
beim Transport in diesem Bus,
Schmerzen in den Handgelenken,
innerlich hab' ich Bedenken,
ein Unfall ist ganz schnell passiert,
wenn der Bus die Spur verliert,
vielleicht es fängt dann an zu brennen,
die Wärter um ihr Leben rennen,
das machen die in solchen Fällen
und ich sitz' da – mit meinen Schellen ...

Um 8 Uhr kamen wir heil beim Landgericht an, und ich wurde in eine Zelle im Keller des Gerichtsgebäudes gesperrt. Es gab kein Fenster in diesem Kellerloch, lediglich einen Tisch an der Wand, einen am Boden befestigten Stuhl und eine an die Wand geschraubte Toilette. Die Wände waren vollbeschrieben und bemalt mit Hasstiraden von Leuten, die hier schon Stunden der Verzweiflung und des Wartens verbracht hatten. Ich verewigte mich ebenso mehrfach _ hatte ja bis zur Haftprüfung um 16 Uhr genügend Zeit.

Beschreibung einer Gerichtszelle
Hier ist alles angeschraubt,
nicht so wie ein mancher glaubt,
nach draußen hat man keine Sicht
Helligkeit durch Neonlicht,
Luftzufuhr durch einen Schacht,
wer hat sich das nur ausgedacht,
alle Wände sind beschrieben
in vielen Sprachen an die Lieben,
mit Sprüchen aus der Unterwelt
für die Justiz, die fest uns hält,
mit großem Hass auch auf Verräter,
auf Staatsanwälte – Rechtsvertreter,
und alle, die es sehr genießen,
Menschen hier drin einzuschließen,
würd' mal gern' die Rollen tauschen,
um deren Panik zu belauschen ...

Endlich, nach acht Stunden quälender Langeweile, wurde ich in Handschellen von zwei Justizwachtmeistern zu einem Gerichtssaal geführt, in dem die Haftprüfung stattfand. Vor dem Gerichtssaal stand Blazenka, die ich nur ganz kurz in die Arme schließen durfte, dann wurde ich in den Saal gebracht. Da die

Ermittlungen abgeschlossen, dadurch keine Verdunklungs- und auch keinerlei Fluchtgefahr mehr bestand, beantragte mein Rechtsanwalt die Aufhebung des Haftbefehls und meine Entlassung aus der Untersuchungshaft. Der Antrag wurde mit der Begründung abgelehnt, die Straferwartung sei sehr hoch und es bestehe sehr wohl Fluchtgefahr.

Ich wurde wieder nach Weiterstadt gekarrt und fand mich damit ab, bis zur Verhandlung in U-Haft bleiben zu müssen. Ich hatte einen Antrag auf den Job eines Sporthausarbeiters gestellt, da war gerade eine Stelle frei. Ich bekam den Job und musste ins D-Haus umziehen. Dort waren nur Arbeiter aus den Arbeitsbetrieben der JVA inhaftiert. Ich zog in eine Doppelzelle zu Ricky, einem weiteren Sporthausarbeiter, mit dem ich mich blendend verstand. Dieser Job war schon geil, vier Häftlinge waren von 8 bis 11 und von 13 bis 16 Uhr damit beschäftigt, Geräte auf- und abzubauen, die Trainingsräume, die Halle, das Schwimmbecken, die Duschen und Umkleideräume sauber zu halten. Das war keine großartige Sache, wir hatten genügend Zeit, selbst zu trainieren. Ich machte morgens immer meine 1.000 Sit-ups, einmal schaffte ich in etwa 80 Minuten 4.000 Sit-ups am Stück, mein persönlicher Rekord. Die Sportbeamten waren alle in Ordnung, da war gegenseitiger Respekt, so wie es halt generell in der Gesellschaft sein sollte. Als Sporthausarbeiter traf man regelmäßig alle in der Anstalt inhaftierten Leute, sofern sie am Sport teilnahmen, und war immer gut informiert.

Weihnachtliche Überraschung

Die Wochen gingen dahin. Anfang Dezember wurden die Weihnachtspaketmarken ausgeteilt und man konnte sich ein Paket von 5 Kilo Gesamtgewicht schicken lassen. Ich hatte mir Wurst, Käse, Zigaretten, Tabak und Blättchen schicken lassen und mich darauf eingestellt, Weihnachten im Knast verbringen zu müssen. Aber eine Woche vor Weihnachten rief mich der Chef der Sportabteilung in sein Büro:

„Müller, melde dich bei deinem Stationsbeamten, du wirst heute blitzentlassen." „Na klar, ich werde blitzentlassen, ein anderer Witz fällt Ihnen wohl nicht ein", gab ich ihm zur Antwort, aber der diensthabenden Beamte bestätigte es: Ich wurde tatsächlich entlassen. Ich konnte es gar nicht glauben, hatte nicht im Traum damit gerechnet. Bin gleich zum Packen in die Zelle. Meinen Einkauf, das Weihnachtspaket, den Fernseher und den größten Teil meiner Kleidung schenkte ich Ricky und ein paar anderen Mithäftlingen, ich war total happy. Als ich meine Station verließ, verabschiedete mich die ganze Häftlingsbelegschaft mit Applaus. Das sind Dinge, die man nie vergisst.

Nach Auskleidung in der Kleiderkammer verließ ich die JVA und wartete auf das bestellte Taxi, das mich nach Hause fahren sollte. Am Abend feierte ich mit meiner Familie und Blazenka bei Aldo, meinem Lieblingsitaliener.

Alte neue Freiheit

Meine Wohnung war gleich nach meiner Inhaftierung ausgeräumt worden, die Möbel befanden sich im Keller meines Elternhauses. In der ersten Nacht nach der Haftentlassung schlief ich mit Blazenka auf einer großen, aufblasbaren Luftmatratze in der leeren Ein-Zimmer-Wohnung. Das war eine beschissene Nacht: Als wir morgens aufwachten, war die Luft aus dem Teil entwichen und wir lagen mit Arsch und Rücken auf eisig kalten Bodenfliesen. Wir holten einen Teil meiner Möbel und gaben unser Bestes, um die Wohnung halbwegs gemütlich einzurichten. Ich hatte kein Auto mehr zur Verfügung und so mietete ich mir einen Fiat Punto für monatlich 500 € an, um beweglich zu sein. Es wurde Zeit, dass ich mich wieder um meinen Laden kümmerte.

Viktor, der Tätowierer, schaute ziemlich dumm aus der Wäsche, als ich am Nachmittag im Laden erschien, er wohl noch nichts von meiner Haftentlassung gewusst. Der Laden war ziemlich runtergekommen, Viktor hatte auf- und zugemacht, wie und wann er das wollte. Ich musste mich dringend wieder selbst um's Geschäft kümmern und brachte den Laden mit geregelten Öffnungszeiten wieder zum Laufen.

In der Nacht vom 1. auf den zweiten Weihnachtsfeiertag wurde in den Laden eingebrochen. Die Täter hatten das Oberlicht eingeschlagen und waren von dort eingestiegen. Ich fuhr am nächsten Morgen in den Laden und schaute mir das Desaster an. Die Diebe hatten Bongs, Digitalwaagen, Piercing-Schmuck, teure Grow-Artikel und Kleidung mitgehen lassen. Es handelte sich um einen Diebstahl im Gesamtwert von knapp 7.500 €. Nachdem ich den Diebstahl und auch die gestohlenen Gegenstände mit entsprechenden Rechnungen bei der Versicherung vorgelegt hatte, besuchte mich einige Tage später ein Gutachter. Seine erste Frage war:

„Herr Müller, was denken Sie, ist der Laden inklusive der Waren wert?" Ich schätzte den Laden- und Warenwert auf 100 bis 120.000 €, er schaute sich noch die Einbruchspuren an, schrieb ein paar Zeilen nieder und fragte mich, ob ich wisse, dass ich nur für 80.000 € und damit unterversichert sei. Der

Meinung war ich nun ganz und gar nicht, aber zu ändern war jetzt natürlich nichts mehr. Ich bekam von der Versicherung 2.300 € erstattet, ein Drittel dessen, was mir gestohlen worden war.

Einige Wochen später bekam ich eine Vorladung zur Vernehmung wegen Vortäuschung einer Straftat. Die Staatsanwaltschaft hatte mich im Verdacht, den Einbruch vorgetäuscht zu haben, das war echt der Hammer. Habe die Ladung meinem Rechtsanwalt übergeben, der sich um diese Angelegenheit kümmerte. Das Verfahren wurde später eingestellt, die Anwaltskosten hat mir trotz falscher Anschuldigung niemand ersetzt.

Es musste dennoch weitergehen und so war ich auf der Suche nach zuverlässigen Mitarbeitern. Stefan, den ich schon einige Jahre kannte, suchte zu dieser Zeit einen Job. Ich stellte ihn fest und seine Freundin Sandra für 400 € halbtags ein.

Anfang März 2009 begann meine Verhandlung wegen Verstoßes gegen das Betäubungsmittelgesetz. Sie war auf sechs Tage angesetzt. Endlich kam heraus, wer mich seinerzeit angeschwärzt hatte: Ein im Ruhrgebiet in Haft sitzender Holländer hatte Ende 2007 in Bonames, drei km von meinem Wohnort entfernt, getankt. Man hatte ihn mittels GPS überwacht. Am gleichen Abend wurde er bei einer Drogen-Übergabe im Ruhrgebiet festgenommen. Viel später kam die Kripo bei der Überprüfung des GPS auf die Idee, er könnte mich an diesem Tage mit Gras versorgt haben. Sie befragten ihn im Knast über meine Person. Ich weiß nicht, was ihm versprochen wurde, er war schon abgeurteilt und konnte nicht mehr belangt werden. Auf alle Fälle identifizierte mich der Holländer als Abnehmer von 6 Kilo Marihuana. Er war als Zeuge zur Verhandlung geladen und bestätigte seine Aussage.

Bei der Durchsuchung meines Lagers im Keller meines Elternhauses wurde in einem dort aufgestellten Tresor ein

Revolver Kaliber 44 sichergestellt. Ein Freund hatte ihn zu einem günstigen Preis gekauft und wollte ihn in Sicherheit wissend in meinem Tresor verbunkern. Da ich niemanden verraten wollte, musste ich den unerlaubten Waffenbesitz auch noch auf mich nehmen.

Von den 500 Kilo, die man mir unterjubeln wollte, blieben am Ende nur zweimal sechs Kilo, also insgesamt 12 Kilo Handel mit Marihuana und unerlaubter Waffenbesitz übrig.

Am 15. April 2009 wurde Jo zu fünf Jahren und neun Monaten, Björn zu 3 Jahren und neun Monaten und ich zu einer Gesamtfreiheitsstrafe von sieben Jahren verurteilt. Das Strafmaß war echt der Hammer. Bei mir spielten natürlich die Vorstrafen eine Rolle, aber bei den beiden anderen war das viel zu viel. Jo, der niemals zuvor an einer Sache beteiligt gewesen war – das belegte sogar die Überwachung durch die Polizei – wurde wesentlich schwerer verurteilt als manch anderer Täter. Es handelte sich um Marihuana, nicht um Kinderfickerei, Raub oder gar Mord. Mein Rechtsanwalt reichte direkt in meinem Namen Revision gegen dieses unmenschliche Urteil ein. Ich war geschockt wegen der Höhe des Strafmaßes, zumal ich noch eine Bewährungsstrafe von zwei Jahren wegen der Mushrooms an der Backe hatte. Das wären zusammen neun Jahre, von denen ich bei guter Führung sechs absitzen müsste. Ich glaubte fest an Gerechtigkeit und daran, dass der Revision stattgegeben und meine Haftstrafe mindestens halbiert würde.

Des Schicksals Strich durch die Rechnung

Fünf Tage später, am 20. April 2009, war das Wetter so schön, dass ich morgens mit dem Bike zur Arbeit fuhr. Ich verabschie-

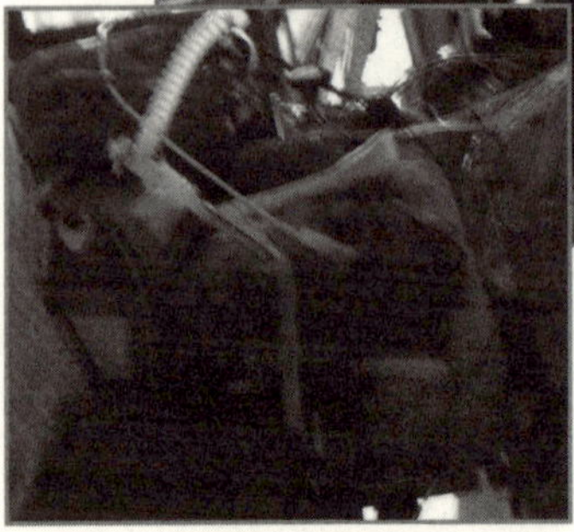

dete ich mich von Blazenka aus Spaß mit den Worten:

„Also Schneck, bis in vierzehn Tagen dann!“, und machte mich auf den Weg zur Arbeit. Was so leicht dahingesagt war, bewahrheitete sich auf grauenhafte Weise:

Bei jener Motorradfahrt hatte ich einen etwa zwei Meter langen Schal zweimal um den Hals gewickelt, beide Enden in die Jacke gesteckt und diese zugezogen. Die Strecke von Harheim nach Bonames fuhr ich recht zügig, sodass sich ein Ende des Schals unbemerkt durch den Wind aus der Jacke löste und hinter mir her flatterte. In Bonames hielt ich mich in einer Dreißiger-Zone an die Geschwindigkeit, das Schalende hörte auf zu Flattern, fiel herunter und verfing sich im Hinterrad meines Motorrades.

Meine einzige Erinnerung daran, was nun passierte, ist, dass ich mit der linken Hand an meinen Hals fasste, weil ich gewürgt wurde und mit der rechten Hand mit voller Kraft die Handbremse betätigte. Dann wurde es dunkel. Später versuchte ich, den Unfallhergang zu rekonstruieren: Der Schal war ins Hinterrad hineingezogen und ich dadurch stranguliert und nach hinten gezogen worden. Durch die volle Betätigung der Vorderbremse war ich kopfüber vom Motorrad geflogen und hatte einen Schädelbasisbruch erlitten. Die Nase, das Schlüsselbein und einige Rippen waren ebenfalls dahin, der Herzbeutel war gerissen und das Herz lag offen, außerdem war die Lunge zu 30 % zerstört.

Man hatte mich in ein künstliches Koma versetzt, aus dem ich erst nach zwei Wochen wieder erwachte. Rechts neben meinem Bett sah ich einen Polizisten sitzen. Vor mir sah ich einen chinesischen Mafioso im Krankenbett liegen, dem eine Krankenschwester ein Samurai-Schwert tief in den Hals rammte. Ich blickte nach links und sah dort einen Typen mit zwei Köpfen liegen, ein Kopf war völlig mit einer Binde eingewickelt.

Blazenka kam mit meiner Tochter Claudia zu Besuch. Ich flehte sie an, mich sofort hier rauszuholen, hier seien lauter Mörder am Werk. Blazenka und meine Tochter sahen mich mit großen Augen an und zweifelten sicher an meinem Verstand. Sie konnten mich etwas beruhigen und alles war soweit ganz O. K. Am nächsten Morgen kam der Polizist, den ich einen Tag zuvor neben meinem Bett sitzen gesehen hatte, zu mir und sagte, er würde mich an diesem Tage operieren. Da bin ich aber ausgeflippt. Wo sind wir denn hier? So weit kommt's noch, dass mich ein Bulle operiert! Die Schwester, welche am Tag zuvor dem Mafioso das Schwert in den Rachen geschoben hatte, mischte sich ein und drohte mir mit einer Spritze.

Das brachte das Fass zum Überlaufen: Ich riss wie irre an meinen Arm- und Fußfesseln und schrie:

„Du rührst mich mal gar nicht an, ich habe gesehen, was du gestern mit dem Samurai-Schwert angestellt hast!"

Man hat dem Ganzen ein Ende gemacht und mich wieder

ins Koma versetzt. Ich war mit Medikamenten dermaßen zugepumpt, dass ich halluzinierte. Natürlich war der Polizist gar keiner, er war ein Chirurg in grüner Arztkleidung. Die Schwester, die in der Realität eine Ärztin war, hatte den mir gegenüber liegenden Mafioso, der natürlich auch keiner war, intubiert. Der Typ mit den zwei Köpfen war auch nur durch die Wirkung der Medikamente in meinem Kopf entstanden.

Blazenka kümmerte sich in den darauffolgenden Wochen aufopfernd um mich: Sie besuchte mich täglich von früh bis spät, selbst als ich im Koma lag, saß sie bei mir, streichelte mich und sprach mit mir. Sie wusch mich, malte mir Herzchen an die Füße – sie war einfach für mich da und ich spürte ihre Nähe.

Während des Komas träumte oder sah ich verrückte Dinge. Als ich nach 14 Tagen wieder erwachte, hatte ich 16 Kilo Gewicht verloren. Das waren nur Muskeln, wäre ich beim Unfall nicht so muskulös gewesen, dann hätte ich ihn nach Aussage der Ärzte nicht überlebt. Durch die lange Liegezeit bekam ich nun auch noch Thrombose in beiden Beinen und im rechten Arm, na super, als hätte ich nicht schon genug Scheiße am Hals. Ich konnte mit meinen Händen nichts fassen, war total am Arsch. Blazenka musste mich füttern und mir Getränke mit der Schnabeltasse einflößen. Als ich wieder halbwegs beweglich war, schaute ich unter die Decke nach meinem Fiffi. Verdammte Hacke, die hatten mir doch tatsächlich einen Schlauch in mein Teil geschoben. Auch in den Hintern hatte man mir einen Schlauch geschoben, ich war entsetzt, dass man mir am Arsch rumgemacht hatte.

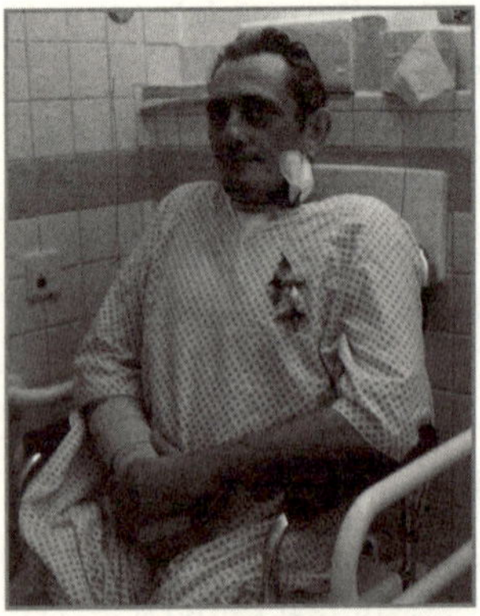

Die Brüche waren nicht so schmerzhaft wie die Prellungen. Meine gesamte linke Körperhälfte nebst meinen Eiern und meinem Teil waren blitzeblau. Jeder Atemzug brachte Schmerzen mit sich, aus zahlreichen Schläuchen wurden Medikamente in mich gepumpt. Täglich bekam ich von Freunden, Mitarbeitern oder der Familie Besuch. Stefan, der *Bope's Planet* in Höchst führte, rief mich täglich an und hielt mich auf dem Laufenden. Viktor, der Tätowierer, kam immer seltener zur Arbeit und soff viel. Weil ich die Schnauze nun endgültig voll hatte, ließ ich ihn von ein paar Freunden feuern. Für Ersatz hatte ich schon vor meinem Unfall gesorgt.

In der vierten Woche meines Krankenhaus-Aufenthaltes setzten mich die Schwestern in einen Rollstuhl und Blazenka schob mich durch den Garten der Klinik. Ich hielt es nicht lange aus, mir war selbst das Sitzen zu viel, ich war schwach und abgemagert. In der fünften Woche packten mich zwei Pfleger rechts und links am Arm, um mich ein paar Schritte laufen zu lassen. Alleine schon das Aufstehen aus dem Bett war ein Problem, meine Beine wackelten kraftlos hin und her. Bin drei/vier Schritte gelaufen, besser gesagt rumgeeiert, dann musste ich mich sofort wieder hinlegen. Wir übten täglich zweimal, sodass ich am Ende der fünften Woche das Krankenhaus auf Krücken verlassen konnte, ich wollte unbedingt nach Hause. Blazenka pflegte mich, den ich hatte Probleme mit der Koordination der Krücken, kam mit den Teilen nicht so richtig klar, ohne sie konnte ich aber keinen Schritt laufen.

Reha

Zwei Wochen nach meiner Entlassung begann im Mai 2009 meine Reha im Herz- und Kreislaufzentrum Rotenburg an der Fulda. Die Klinik hatte alles, was ich hätte brauchen können: ein Schwimmbad, einen Geräteraum, in dem man sich mit Gewichten beschäftigen konnte, eine Sauna, echt gut. Das Elend daran war aber, weder schwimmen noch saunieren oder gar Gewichte heben durfte. Ich sprach einen Klinikarzt, er hieß auch Peter Müller, darauf an, dass ich sehr gerne trainieren würde, vor meinem Unfall sei das Training Teil meines Lebens gewesen. Er sagte, es sei noch zu früh nach dem schweren Unfall, meine Motorik müsse durch Anwendungen wieder in Gang gebracht werden.

Die sogenannten Anwendungen waren ja nicht gerade der Renner, unter anderem musste ich Perlen auf einen Bindfaden auffädeln, Mikado mit anderen Patienten spielen, Körbchen flechten und all so einen Scheiß. Ich hatte ja nichts an der Birne, auf alle Fälle mal nicht mehr als vor dem Unfall, mich haben diese Anwendungen echt total genervt.

Blazenka besuchte mich jedes Wochenende, sie kam samstagmorgens und fuhr Sonntag am späten Nachmittag wieder nach Hause. In der Klinik konnten Besucher Zimmer zur Übernachtung anmieten. Zum ersten Wochenende mietete ich Blazenka noch ein Zimmer, aber das hätten wir uns sparen können, sie verbrachte dieses und auch alle folgenden Wochenenden mit mir in meinem Bett. Es war sehr schmal, wir kuschelten uns aneinander, hat schon gepasst.

Ich hatte noch immer üble Schmerzen und bekam Medikamente, deren Nebenwirkungen sich auf eigenartigste Weisen zeigten. Mit einem Pflaster auf dem hinteren Schulterblatt, das schmerzlindernde Opiate abgab, war ich total neben der Spur. Ich hatte plötzlich Probleme mit den Geschmacksnerven, egal was ich aß oder trank, selbst Eis oder Sahne, alles schmeckte, als hätte ich in einen Salzblock gebissen, war echt ätzend. Nach einer Woche verschwand der Salzgeschmack wieder, ich war richtig froh, der Gedanke, so etwas könnte vielleicht für immer bleiben, machte schon nachdenklich.

Die Krücken stellte ich nach vierzehn Tagen zur Seite, ich konnte wieder ohne Hilfen laufen. Es ging bergauf. Auch im Laden entwickelte sich alles positiv: Nico, ein begnadeter Freihandtätowierer, hatte sich gut im Laden etabliert.

Der Aufenthalt in der Reha-Klinik ging mir echt auf die Nerven, vorwiegend alte Leute, Langeweile pur. Nach fünf Wochen wurde ich am 1. Juli 2009, an Blazenkas Geburtstag, aus der Klinik entlassen. Bin dann täglich zum Arbeiten in den Laden gegangen, doch mehr als zwei bis drei Stunden konnte ich es nicht aushalten. Ich musste täglich Medikamente gegen die noch immer anhaltenden Schmerzen und Marcomar, ein Mittel zur Blutverdünnung, einnehmen.

Talfahrt

Ich war recht zuversichtlich, dass alles bald wieder seinen gewohnten Gang gehen konnte, doch mir schneite schon wieder Ärger ins Haus.

Als ich 2008 in Untersuchungshaft genommen wurde, war ich privat krankenversichert. Meine Schwester kümmerte sich darum, dass diese Versicherung bis zu meiner Haftentlassung stillgelegt wurde. Im Knast ist man nämlich gesetzlich vom Staat versichert. Man hat ihr geraten, die Versicherung zu kündigen, nach meiner Haftentlassung könne ich problemlos zu den gleichen Bedingungen wieder beitreten.

Als ich aus der Untersuchungshaft entlassen wurde, wollte ich erst das Ergebnis meiner Gerichtsverhandlung abwarten, ehe ich einen Antrag auf Wiedereintritt in die private Krankenversicherung stellte. Fünf Tage später hatte ich den Motorradunfall. Ich lag wehrlos im Koma, meine Schwester versuchte, mich rückwirkend wieder als Versicherungsnehmer anzumelden, aber dieser Antrag wurde abgelehnt. Erst durch einen Gerichtsbeschluss wurde ich als privat Versicherter, jedoch mit einem sogenannten Basistarif, den meine Schwester als Zeichnungsberechtigte unterschreiben musste, wieder angenommen.

Ich wusste weder, dass ich einen Basistarif hatte, noch was das überhaupt sein sollte. Mein Hausarzt stellte erhöhte Leberwerte fest und überwies mich zu einem Leberspezialisten. Dort wurde ich untersucht, die Leber wurde geröntgt und punktiert. Die erhöhten Werte waren durch die vielen Medikamente entstanden. Ich bekam die Rechnung für diese Behandlung zugeschickt und leitete sie an die Krankenversicherung weiter, die sich weigerte, die Rechnung zu begleichen, da ich nur einen Basistarif hätte, der keine privatärztlichen Rechnungen abdecke. So sah es aus.

Finanzielle und gesundheitliche Probleme machten mir zu schaffen. Stefan und seine Freundin Sandra, die meinen Laden gut geführt hatten, kündigten beide zum ersten Januar 2010, sie hatten besser bezahlte Jobs gefunden. Ich war dann wieder täglich von 11 bis 19.30 Uhr im Laden, fühlte mich aber nicht richtig wohl. Am Faschingsdienstag 2010 schloss ich um 15 Uhr den Laden. Die Leute waren beim Faschingsumzug in Heddernheim und die Stadt war leer. Ich fuhr nach Hause und legte mich ins Bett. Ich fühlte mich den ganzen Tag schon total erschöpft und mir war schlecht. Ich schlief sofort ein. Als ich wach wurde, sah ich meine Schwester, meinen Schwager, meine Nichte, meinen Neffen, Blazenka, zwei Sanitäter und einen Notarzt um das Bett stehen. Ich hatte einen fünfzehn Minuten andauernden epileptischen Anfall erlitten. Blazenka hatte sofort meinen Schwager Claus geholt, der mir die Zunge aus dem Hals zog, die ich schon blutig und blau gebissen hatte, und den Notarzt alarmierte. Ich wurde auf eine Bahre geschnallt und ins Krankenhaus nach Höchst gefahren. Dort verbrachte ich drei Tage, man diagnostizierte den epileptischen Anfall als Folgeerscheinung des beim Motorradunfall erlittenen Schädelbasisbruchs und verschrieb mir ein Medikament.

Jetzt ging es mir echt richtig beschissen, fühlte mich schlapp und kraftlos, war ständig müde und lustlos. Durch die immer größer werdenden Probleme – sieben Jahre Knast vor Augen, noch lädiert vom schweren Motorradunfall, finanziell am Rande der Insolvenz – litt ich plötzlich unter schweren Depressionen und hatte Suizidgedanken. Ich suchte einen Psychologen auf, der mich nach psychischer und physischer Untersuchung zum Röntgen meiner Bandscheiben schickte. Ein Bandscheibenvorfall zwischen dem vierten und fünften Rückenwirbel wurde festgestellt – ich lag eine Woche bis zur Operation im Krankenhaus.

Ich hatte echt die Schnauze voll, die ständigen Krankenhausaufenthalte und immer größere finanzielle Probleme. Nach der Operation war ich schmerzfrei und freute mich schon, endlich mal was Positives. Scheiße war's, schmerzfrei war ich nur wegen der Medikamente, nach einer Woche kamen die Rückenschmerzen zurück und begleiten mich bis heute.

Im Sommer 2010 fand meine Revisionsverhandlung statt. Ich war gesundheitlich noch nicht auf der Höhe, nahm den Gerichtstermin aber dennoch wahr. Das Strafmaß von sieben Jahren wurde auf fünf Jahre und neun Monate verkürzt. Für mich in meinem jetzigen gesundheitlichen Zustand noch immer zu viel. Daher beauftragte ich meinen Rechtsanwalt, gegen dieses Urteil nochmals in Revision zu gehen, obwohl die Chancen, dass dem Antrag stattgegeben werden würde, sehr gering waren. Aber ich musste Zeit gewinnen.

Außer Nico, der seiner Arbeit immer pünktlich und korrekt nachging, hatte ich Aushilfskräfte für den Verkauf im Shop beschäftigt. Ich war nicht ständig im Laden und Nico konnte die Aushilfen nicht auch noch beaufsichtigen, während er tätowierte, und so wurde kräftig in die Kasse gegriffen. Meine Depressionen wurden schlimmer.

Durch Arztrechnungen und weitere Zahlungen, die ich ab Herbst 2010 nicht mehr leisten konnte, war ich gezwungen, im November Insolvenz an- und mich arbeitslos zu melden. Vom Jobcenter wurden mir 364 € Arbeitslosengeld II, 287 € für Krankenversicherung und 36 € für die Pflegeversicherung zugesprochen. Das Grundstück, auf dem sich mein Laden befand, gehörte der Bahn und kostete mich 330 € Miete monatlich. Das Gebäude selbst hatte ich seinerzeit dem Vorbesitzer abgekauft und einen Mietvertrag mit der Bahn abgeschlossen. Jetzt suchte ich einen Käufer für das Ladengeschäft, aber das gestaltete sich schwierig.

Ich hatte den Laden schon fast aufgelöst, den größten Teil der Ware an befreundete Shopbesitzer zu günstigeren Preisen verkauft, als der Besitzer des Thai-Imbisses nebenan Interesse zeigte und den Laden plus Grundstück kaufte. Er überwies die Verkaufssumme für das Gebäude direkt an meine Insolvenzanwältin zur Begleichung meiner Schulden.

Psychiatrie statt Knast

Im Februar 2011 bekam ich eine Einladung zum Strafantritt für den 28. Februar in der JVA Weiterstadt. Ich verließ zu dieser Zeit kaum noch die Wohnung, konnte keine Menschenmenge ertragen, hatte nachts Alpträume, wurde schweißgebadet wach, träumte oft, lebendig begraben im Sarg wach zu werden. Das war echt ein beschissenes Gefühl. Ich musste dann eine ganze Weile am offenen Fenster stehen, um wieder durchatmen zu können, ich hatte Atemnot übelster Sorte. Da ich gesundheitlich am Limit stand, mit kontinuierlichen Rücken- und Magenschmerzen, Übel- und Schlaflosigkeit sowie mit starken Depressionen zu kämpfen hatte, wies mich mein Psychologe in die psychiatrische Klinik Hofheim ein.

Mit dem Gedanken an einen Aufenthalt in der Irrenanstalt, hoppla Psychiatrie, oder wie immer man es auch nennen mag, musste ich mich erst mal anfreunden. Ich nahm an, dort auf viele Irre zu treffen, auf Junkies, auf durchgeknallte Leute. Ich lernte schnell, dass dem nicht so war. Vielmehr waren dort beruflich gestresste Menschen in Behandlung, Lehrer und Lehrerinnen, Manager und auch Scheidungsopfer, Leute, die im oder mit dem Leben nicht mehr klar kamen. Ich bezog ein Einzelzimmer und führte wöchentlich zwei Gespräche mit dem leitenden Oberarzt, der mich auf Medikamente einstellte, und mit dem Psychologen.

Endlich hatte ich etwas Ruhe, um zu mir selbst zu finden, der Stress des Lebens zwang mich in die Knie, ich hatte das Leben richtig satt und ständig Suizidgedanken, das Leben machte mir keine Freude mehr, ich sah keine Perspektive, keinen Ausweg. Die Medikamente beruhigten mich, aber ich war und bin kein Freund von Tabletten, die zwar beruhigen, doch auch gleichzeitig die Sinne verwirren und die Sicht vernebeln.

Mein Rechtsanwalt teilte dem Gericht meine Einweisung in die Klinik mit und ich wurde während des Klinikaufenthaltes zur Untersuchung durch eine Amtspsychologin zum Gesundheitsamt in der Breiten Gasse nach Frankfurt bestellt. Blazenka hatte sich für diesen Tag frei genommen, um mich mit dem Auto hinzufahren. Die Psychologin unterhielt sich 1 1/2 Stunden mit mir und stellte mir die eine oder andere Frage. Von meinem behandelnden Psychologen hatte ich in der Zwischenzeit ein 22-seitiges Gutachten bezüglich meines psychischen Gesundheitszustandes anfertigen lassen. Diese Begutachtung legte ich der Amtsärztin zur Einsichtnahme vor. Ihrer Meinung nach war es nicht verwunderlich, dass das Gutachten meines Psychologen zu meinen Gunsten ausfiel, da er ja mit mir sein Geld verdiene. Ich sei zwar suizidgefährdet, aber dennoch haftfähig. Und das, obwohl ihr alle Unterlagen meines Unfalls und der anschließenden Krankenhausaufenthalte bekannt waren.

Nach genau sieben Wochen konnte ich, nicht völlig geheilt, aber wieder etwas gefasster, die Klinik verlassen. Nach der Entlassung setzte ich die Antidepressiva wieder nach und nach ab. Ich drehte mir wieder ab und zu eine Tüte mit Gras, das am wenigsten schädliche Mittel gegen Schmerzen und Depressionen. Seit meinem Unfall hatte ich jedem Arzt von meinem Marihuana-Konsum berichtet und alle hatten ihn befürwortet. Es ist mir ein Rätsel, weshalb einer der am schnellsten nachwachsenden Rohstoff der Welt, der Hanf, als teuflische Droge geächtet und verboten ist. Aus Hanffasern wird Kleidung hergestellt, mit Hanf wurden und werden Wasserleitungen abgedichtet. Die Hanfpflanze ist komplett verwertbar. Das nur in der weiblichen Hanfpflanze enthaltene THC ist in Holland als pflanzliches Heilmittel in Tablettenform erhältlich. Ich bin überzeugt davon, dass die Holz- und die Pharmaindustrie für das Verbot dieser von Gott gegebenen Heilpflanze verantwortlich sind. Es bräuchte kein Baum im Regenwald gefällt zu werden, um Papier, Möbel oder andere Gegenstände des täglichen Gebrauchs herzustellen, wenn der Hanf zum Einsatz käme. Die Pharmaindustrie müsste die Menschen nicht mit chemisch hergestellten Medikamenten vollpumpen, die Hanfpflanze würde vieles erträglicher, leichter und umweltbewusster machen.

Die Tragödie vom Hanf

Hanf wurd' aus dem Verkehr gezogen
die Menschen um ihr Wohl betrogen,
über Gottes Wunderpflanze
brach Profitgier ihre Lanze,
denn das Holz, die Industrie
verbandelt sich mit der Chemie,
Hanf als Pflanze konnte heilen
da musste man sich schnell beeilen,
dessen Anbau zu verbieten
so wurde das Gesetz beschieden,
der beste Rohstoff dieser Welt
als nicht brauchbar hingestellt,
wir heilen nun mit bunten Pillen
um deren Geldsack aufzufüllen,
ganze Wälder abzuroden
gehört doch wirklich schnell verboten,
denn wenn wir darauf nicht verzichten
werden wir uns selbst vernichten ...

Ich denke, die Legalisierung weicher Drogen wird bei der nächsten Bundestagswahl eine Rolle spielen. Heroin und Kokain sollten weiterhin verboten bleiben, aber durch eine Freigabe von weichen Drogen würden Millionen an Steuergeldern in die Staatskassen fließen, womit einige Löcher gestopft werden könnten.

Plädoyer

Ich bin 57 Jahre alt und im Namen des Volkes wegen Marihuanahandel zu einer Freiheitsstrafe von sieben Jahren verurteilt worden. Nach einem schweren Motorradunfall, den ich geradeso, was ich sehr oft bedauere, überleb habe, bekam ich bei der Revisionsverhandlung fünf Jahre und neun Monate. Die zwei Jahre, die ich in Perleberg wegen der Pilze vom *Fullmoon Festival* erhalten hatte und die einst zur Bewährung ausgesetzt worden waren, kommen jetzt noch obendrauf. Auf mich wartet eine Gesamtfreiheitsstrafe von sieben Jahren und neun Monaten.

Mir ist klar, dass ich gegen das Gesetz verstoßen habe und dafür meinen Mann stehen muss. Doch fest steht auch, dass ich durch die Vorkommnisse zwischen 2008 und heute erhebliche gesundheitliche Probleme habe, die mir eine Haftstrafe ohne Lebensbedrohung nicht möglich machen. Durch meine Erfahrung, die ich in zwölf Jahren Knast gesammelt habe, steht für mich fest, dass ich in meinem Gesundheitszustand nicht in der Lage bin, diese Zeit zu überstehen und den Knast lebendig zu verlassen. Die ärztliche Betreuung dort lässt zu sehr zu wünschen übrig. Was passiert, wenn ich wieder einen epileptischen Anfall bekomme? Selbst wenn der Anfall von einem Zellenkumpel bemerkt und er die Rufanlage betätigen würde, es würde Ewigkeiten dauern, bis jemand käme.

Ich halte außerdem fast acht Jahre Haft für ein Genussmittel, das in allen Kreisen der Gesellschaft mehr oder weniger versteckt konsumiert wird, auf alle Fälle für mehr als überzogen. Täglich lese ich in den Zeitungen Berichte über Kindesmissbrauch und Misshandlungen, für die die Täter mit zwei, drei oder vier Jahren Haft davonkommen. Hier stimmt die Relation zwischen Straftat und Strafzumessung überhaupt nicht. Es

kann doch nicht sein, dass ich ein bedeutend höheres Strafmaß bekomme als ein Kinderschänder oder ein Totschläger!

Ich habe fast zwölf Jahre meines Lebens als Sühne für meine Straftaten im Knast gesessen, keine Zeit, die ich jemandem wünsche, keine Zeit, auf die ich stolz bin, keine Zeit, die ich zurückholen kann, verlorene Zeit, aber ich denke, meine Schulden sind bezahlt.

Die Schicksalsschläge der letzten Jahre hätte ich ohne die Hilfe meiner Lebensgefährtin Blazenka, der meiner Schwester Angelika und meines Schwagers Claus nicht überstanden. Ich habe keine Angst vor dem Tod, mein Leben ist gelebt, doch im Knast möchte ich nicht sterben oder hilflos verrecken.

Der Unfall mit vierzehn Tagen im Koma und die epileptischen Anfälle haben Spuren in mir hinterlassen. An die Zeit im Koma habe ich vage Erinnerungen, die epileptischen Anfälle jedoch kommen aus dem Nichts, sie kommen mitten im Schlaf, ich zapple fünfzehn Minuten und weiß nichts davon, nichts bleibt in Erinnerung, eine für mich echt beängstigende Wehrlosigkeit.

Seit meinem Unfall bin ich arbeitsunfähig, bin ständig auf ärztliche Behandlung angewiesen und lebe von 374 € im Monat. Mehr als das Leben kann ich nicht mehr verlieren, denn mehr habe ich nicht. Lieber würde ich meine Haftstrafe antreten, als meinen körperlichen Verfall zu erleben. Eine Inhaftierung würden mein Körper und mein Geist in meinem jetzigen Zustand nicht mehr verkraften. Ich war nie im Leben ein Weichei, doch die Grenze des Erträglichen ist für mich erreicht.

Ich hoffe auf das Verständnis des in diese Angelegenheit zuständigen Gerichts und auf eine Haftverschonung.

Dennoch: Seit meiner Geburt bin ich ein Kämpfer und halte es wie Churchill: „Die Kunst ist, einmal mehr aufzustehen, als man umgeworfen wird“. Also stehe ich auf und kämpfe weiter.

Das Leben ist auf seine Weise
manchmal wirklich richtig scheiße,
mal geht's bergauf – mal geht's bergab
das Leben hält mich stets auf Trab,
ich hab' gelernt in meinem Leben
nie und niemals aufzugeben,
den Problemen mich zu stellen
das hilft dann in den meisten Fällen,
wenn man fällt – nie liegen bleiben
dem Leben stets die Zähne zeigen,
das ist und bleibt für mich Devise
und hilft in jeder Lebenskrise ...